W0052835

Nicht nur Kinder spielen, aber wer spielt, ist ein Kind, also frei – deshalb spielt Michael Knopf. Mit dem angemessenen Unernst berichtet er von Glück, Pech, Leid, Neid und Schadenfreude, schildert den Reiz des Auspackens neuer Schachteln und das Staunen angesichts merkwürdiger Wesenszüge bei Mit- und Nichtspielern verschiedenster Kategorien. Er behauptet nicht, daß Dabeisein alles sei, sondern beschreibt den Spieler als Menschen, der gewinnen will und nach Niederlagen auch schon mal mit Würfeln wirft. Am Spieltisch gelten andere Gesetze als im richtigen Leben, meint der Autor und kommt zu dem Schluß, daß das Leben eben deshalb dort schöner ist.

Michael Knopf, geboren 1961 in Hof, lebt in München und arbeitet als Redakteur im Ressort »Medien« der ›Süddeutschen Zeitung‹. Er ist der Spielekritiker der SZ und Mitglied der Jury »Spiel des Jahres«. Er spielt mindestens so gerne, wie er schreibt, schon immer, so oft wie möglich und meist nächtelang.

Michael Knopf

Spielen

Kleine Philosophie der Passionen

Deutscher Taschenbuch Verlag

Originalausgabe
Juli 1999
© Deutscher Taschenbuch Verlag GmbH & Co. KG, München
Umschlagkonzept: Balk & Brumshagen
Umschlagbild: Alfons Holtgreve
Satz: Design-Typo-Print GmbH, Ismaning
Gesetzt aus der Bodoni Book 12/14 Punkt (QuarkXPress 3.32 Mac)
Druck und Bindung: C. H. Beck'sche Buchdruckerei, Nördlingen
Gedruckt auf säurefreiem, chlorfrei gebleichtem Papier
Printed in Germany · ISBN 3-423-20266-1

Inhalt

Das Leben ist eine Schachtel

Der Frankenwald hat mich hervorgebracht – ach nein. Erzählen? So nicht. So ist es nicht mehr, daß ein Autor sich einfach hinsetzen, die Feder ergreifen und schreiben kann, was er immer schon schreiben wollte. Der Leser hat ihm zuallererst einzufallen, weil er das Wichtigste ist, nämlich der Kunde. Also hat der Autor Service zu verrichten und dem Leser ein paar drängende Fragen zu beantworten. Fragen der Art, wie sie zum Beispiel Kunden in der Metzgerei neuerdings zu stellen belieben: Sagen Sie mal, stammt das Steak auch wirklich von Rindern, die garantiert nicht wahnsinnig waren?

Ich stelle mir also den Leser vor:

Sagen Sie mal, wie hat es bei Ihnen eigentlich angefangen?

Das ist, ehrlich gesagt, eine eher dämliche Frage, mit der vorzugsweise Schriftsteller belästigt werden – von Leuten, die Schriftsteller für höhere Wesen halten. Schriftsteller, die sich selbst ebenfalls für hohere Wesen halten, pflegen darauf zu antworten: Die Einsamkeit! Der lange Weg nach innen, auf dem ich unter Mühen viele Worte fand; einen Weg nach außen wies ich ihnen unter Mühen nicht minder, worauf sie dies kleine Gedicht wurden. Realistischere Schriftsteller hingegen sagen: Nun ja, äh, also…

Könnten Sie bitte trotzdem antworten?

Auch Kranke hören die Frage häufig, beim Arzt:

Wann und wo hat's zum ersten Mal gezwickt?

Na gut. Wann also?

Es hat überhaupt nicht gezwickt. Es war bloß so wie immer und bei jedem. Ich war ein Kind und bekam ab und zu Spiele geschenkt, die »Gänsespiel« hießen oder »Peterchens Mondfahrt«, weil man Kindern eben gerne Spiele schenkt. Ich spielte gerne und ganz selbstverständlich, weil ich ohnehin nichts anderes zu tun hatte. So hat es angefangen.

Aber das ist doch immer so und bei jedem!

Sag ich ja.

Warum sitzen wir dann hier und befassen uns mit einem Buch übers Spielen?

Warum Sie hier sitzen und das Buch lesen, weiß ich natürlich nicht. Geschrieben habe ich es, weil ich auf dem langen Weg durch die Spieleschachteln etliche Worte fand; einen Weg aus der Schachtel wies ich ihnen, worauf sie dies kleine Buch wurden. Die Zweisamkeit! Dreisamkeit. Fünfsamkeit.

Schon gut. Beim »Gänsespiel« ist es demnach nicht geblieben?

Nein, insofern nicht, als ich inzwischen auch etliche Spiele mit anderen Titeln besitze – wobei freilich viele nicht weit übers Gänse-Niveau hinauskommen.

Wenn Sie zurückblicken, was hat sich sonst noch in Sachen Spielen verändert seit der Zeit, als Sie ein Kind waren?

Wieso »waren«?

Sie gehen auf die Vierzig zu.

Ach so, ja, ich bin älter geworden. Verändert? Ich muß keine Schachteln mehr kaufen, auf denen »Spiel

des Jahres« steht, weil ich mittlerweile in der Jury sitze, die an der Vergabe dieser Auszeichnung beteiligt ist. Ich habe also sowieso alle Schachteln, das ist praktisch.

Sie spielen also immer noch?

Das eine folgt nicht zwangsläufig aus dem anderen, weil man auch spielen lassen kann, wenn man die Bedeutsamkeitsstufe des Jury-Mitglieds erreicht hat. Aber es stimmt, ich spiele noch selbst. Nur habe ich leider hin und wieder auch anderes zu tun. Es ist mir aber immerhin gelungen, das Spielen zumindest zu einem Nebenaspekt meines Berufs zu machen, indem ich hartnäckig behauptet habe, Spiele müßten im Interesse der Zeitungsleser unbedingt rezensiert werden. Lustigerweise glauben das auch die Spieleverlage und schicken mir ihre Schachteln. So spare ich eine Menge Geld.

Sie sprechen ständig von Schachteln. Sind Schachteln Ihr Leben?

Andersrum. Das Leben ist eine Schachtel.

Bitte?

Wer sich viel mit Schachteln befaßt, also spielt, hat früher oder später nur noch wenig Lust auf den Rest des Lebens. Was tun? Ganz einfach. Man erklärt kurzerhand das Leben insgesamt zum Spiel – und damit zur Schachtel.

Ich bin nicht sicher, ob ich das verstanden habe.

Spielen ist eine Tätigkeit, das wissen Sie. Es ist aber auch ein Zustand, das wußten Sie vermutlich nicht – ein Zustand, der sich nicht einfach legt, wenn man die Schachtel schließt und ins Regal stellt.

Wie äußert sich dieser Zustand?

Sie kennen doch diese Leute, die mit kleinen

9

Stoffhunden oder Wollkühen reden und deshalb mit einem Bein schon in der geschlossenen Anstalt leben. So äußert sich dieser Zustand.

Nein, solche Leute kenne ich nicht.

Sie werden mich noch kennenlernen.

Sie wollen also sagen, daß der Zustand des Spielers dem Zustand eines Geisteskranken ähnelt?

Genau. In gewisser Weise. Spieler sind häufig Wirrköpfe, sie leben in einer etwas anderen Welt und kommen nicht immer damit klar, daß sie eigentlich erwachsen sein sollten. Glücklicherweise nimmt man sie nicht sonderlich ernst und hält sie für ungefährlich.

Sind sie denn gefährlich?

Selbstverständlich. Die Unterwanderung des allgemeinen Ernstes ist langfristig wehrkraftzersetzend, vom Exportüberschuß ganz zu schweigen.

Was Sie nicht sagen. Erwachsen zu sein, was heißt das für Sie?

Nicht mehr zu spielen. Oder beim Wort »spielen« nur an Schachteln zu denken. Oder nur noch dann zu spielen, wenn es auf der Tagesordnung steht. Also vernünftig zu sein.

Manche Spieler sind aber doch wirklich krank, oder?

Nun ja, die süchtigen Zocker vielleicht, die Automaten-Junkies, denen der Ruin droht. Die Casino-Freaks. Rien ne va plus. Wir braven Spieler von Gesellschaftsspielen sind harmlos krank: Wir sind nur von der Freiheit infiziert, stundenlang beschäftigt sein zu können, ohne daß das Geringste dabei herauskommen muß. Nicht der Ruin droht uns, sondern schlimmstenfalls eine Niederlage. Dann fordern wir Revanche. Eins geht noch.

Wie reagieren denn andere Menschen auf einen wie Sie?

Sie meinen Nichtspieler?

Zum Beispiel.

Ich meide Nichtspieler, sie langweilen mich.

Spielt Ihre Frau?

Sie langweilt mich nicht.

Haben Sie Kinder?

Nein, wenn ich Kinder hätte, müßte ich erwachsen tun und Kinderspiele spielen. Das geht mir auf den Geist.

Wollen Sie zum Schluß vielleicht den Leser etwas fragen?

Ja. Sagen Sie mal, fangen wir jetzt endlich an?

Sechs ist der Anfang aller Dinge

Die gängige Ansicht, Spielen sei eine lustige, höchst unterhaltsame, entspannende, ungeahnte Freuden bringende Beschäftigung, ist ungefähr so richtig wie die Annahme, ein kleiner Angestellter verlasse das Büro seines Chefs grundsätzlich mit dem guten Gefühl, es dem Alten mal wieder so richtig gegeben zu haben. Vielmehr genügt mitunter ein Spiel, um die folgenden Stunden auch sommers in Novembernebel zu tauchen und die Liebe zu den Menschen gefährlich zu minimieren. Ich zum Beispiel habe gerade eine Partie »Caesar & Cleopatra« hinter mir, ein schönes Kartenspiel eigentlich, bei dem es Siegpunkte zu sammeln gilt; üblicherweise endet es mit einem Ergebnis von sechzehn zu vierzehn oder schlimmstenfalls siebzehn zu dreizehn – diesmal ist es aber zweiundzwanzig zu zehn ausgegangen, dummerweise zu meinen Ungunsten. Mein Zustand jetzt? Nun ja, mein Zustand. Er entspricht dem der Spieler des ruhmreichen FC Bayern München, wenn sie nach einer Zehn-zu-null-Niederlage gegen Borussia Dortmund hängenden Kopfes aus dem Olympiastadion schleichen und sich sehnlichst wünschen, ohne Ohren geboren zu sein, damit sie die Pfiffe der Siebzigtausend nicht hören müßten. Ich bin es aber, was da pfeift, siebzigtausendmal bin ich es, kann mich vorübergehend nicht ausstehen und weiß nicht, warum, kann aber vor allem die Siegerin nicht ausstehen und weiß, warum: weil sie lacht. Weil ich ihr gratulieren soll und es unse-

rem Ritual folgend auch tue, ein wenig halbherzig vermutlich mit dem Händedruck eines verhuschten Weichlings, aber ich lange hin, sage »Glückwunsch« und denke »Dumme Nuß«. Das Verlangen, die Schmach umgehend in einer neuen Partie aufzuheben, streitet mit dem Wunsch, dieses Spiel nie wieder auf dem Tisch zu sehen. Und wenn ich nur wüßte, warum ich derart eingegangen bin! War's Unvermögen? Kann nicht sein. Unglück? Habe ich nicht verdient. Eine Kombination aus beidem? Macht's nicht besser. Gefährtin, laß mir meine Ruhe für ein Stündchen oder zwei, bis die Pfiffe nachlassen und ich wieder weiß, daß ich beim nächsten Mal ganz bestimmt gewinnen werde.

Sage nun niemand, ich könne nicht verlieren. Selbstverständlich kann ich das; ich habe ja eben verloren. Es war meine Großmutter, die in ihren späten Jahren nicht mehr verlieren konnte im üblichen Sinne des Spruches, bei der es nötig war, mindestens in jeder zweiten Runde »Mensch ärgere Dich nicht« zwei bis drei Wurfmöglichkeiten zu übersehen, damit sie ihre vierte Figur gesund nach Hause brachte. Es sind Kinder, die zunächst nicht verlieren können, weil für eine Weile ihr ganzes Sein im Spiel steckt und nicht untergehen darf. Es sind manche Erwachsene, die nicht verlieren können, weil sie »Monopoly« mit Buchhaltung verwechseln. Wir Spieler können verlieren. Aber wir mögen es nicht.

Wir Spieler wollen gewinnen, das schreibe ich hin und höre dabei erfreut den Aufschrei einiger wohlmeinender Pädagogen, die das sogenannte kooperative Spiel für ein sanftes Erziehungswerkzeug halten, mit dem sie das leidige Prinzip von Sieg und Niederlage von

den zarten Seelen der ihnen Anvertrauten fernhalten wollen; als wäre es ein Gewinn, nur deshalb nicht zu verlieren, weil es keinen Sieger gibt. In bestimmten Fällen von Persönlichkeitsstörung mag es ja wichtig sein, die Zusammenarbeit mit anderen überhaupt erst zu lernen – ich rede aber vom Spielen, nicht vom Heilen. Und auch wir Spieler tun uns ja gerne mit anderen zusammen, gehen Bündnisse ein und legen ein Stückchen so manchen Weges gemeinsam zurück, voller Freude auf jenen Moment, in dem wir leise »Servus« sagen und ganz alleine davonziehen können, in Richtung Ziel, in Richtung Sieg. Bestimmt ist es ein nettes Gefühl, zusammen etwas geschaffen zu haben, am Ende vor einem Werk zu stehen, sich gegenseitig auf die Schultern zu klopfen und zu sagen: Das waren wir – es ist das Arbeitsgefühl, sofern es in der Arbeit nicht zugeht wie bei »Mensch ärgere Dich nicht«. Das Spielergefühl aber geht so: *Ich* hab's geschafft. Oder auch *wir* haben's geschafft, sofern dieses Subjekt ein Team bezeichnet, dem ein anderes Team gegenübersteht – denn nur wo Verlierer sind, können Sieger sein. Das ist vielleicht traurig und kein Blick in den Garten Eden, aber es ist so, und dafür spielen wir; nicht, um den Sündenfall rückgängig zu machen, sondern um der erste zu sein, der in den Apfel beißt.

Gewinnen also, freuen, stolz sein. Stolz sein worauf, freuen worüber? Wenn ich bei »Caesar & Cleopatra« gewinne, was bekanntlich leider nicht immer der Fall ist, kann ich mir darüber nicht wirklich im klaren sein: Ich habe vielleicht zur rechten Zeit die richtige Karte gezogen, es handelt sich demnach um einen Fall von

14

Glück; womöglich, nein, ganz gewiß, habe ich die Karten aber auch so klug auf dem Tisch verteilt, daß dieser Taktik rein gar nichts entgegenzusetzen war – ein Fall von Genialität meinerseits. Vermutlich sind das die besten Spiele, die auf Dauer angenehmsten, ehrlichsten und verträglichsten, in denen beides zur Geltung kommt oder auch nicht, mein Können und mein Glück, der Zufall und das Zutun. Vermutlich ist es im Zweifelsfalle zwar extrem ärgerlich, aber leichter zu ertragen, daß der Würfel stets zu meinen Ungunsten fällt – als wenn ich einsehen müßte, für ein bestimmtes Spiel bedauerlicherweise zu blöd zu sein. Im einen Fall gibt es Hoffnung wider alle aktuelle Erfahrung; im anderen bleibt mir nur noch, die Finger davon zu lassen und mit der Gewißheit meines Unvermögens zu leben. Manche abstrakten Strategiespiele sind so: Wer nicht mit der Lust geboren oder dem Talent gesegnet ist, acht bis fünfunddreißig Züge seines grübelnden Gegners geistig vorwegzunehmen, wird niemals gewinnen und immer zurückbleiben mit dem Verdacht, bei der Zuteilung der Intelligenz mit dem Etikett »Sollte nur würfeln« beklebt worden zu sein. Ist er das wirklich? Ich hoffe nicht. Ich habe weder die Lust noch das Talent, beim Spielen auf den Spuren Einsteins zu wandeln.

Sagte ich, Pech sei leichter zu ertragen als Unvermögen? Das stimmt; stimmt so lange, wie ich Glück habe. Nehmen wir »Mensch ärgere Dich nicht«, auf das ich immer wieder zu sprechen kommen muß, nicht, weil ich das Spiel besonders lieben würde, sondern weil es eine Art Archetyp ist: die Mutter aller gängigen Lauf-

spiele, in Indien wurzelnd, wo es »Pachisi« heißt und 1400 Jahre alt ist, in seiner hiesigen Form 1905 von Josef Schmidt in München erfunden; auch in Wohnzimmerschränken zu finden, die ansonsten spielefrei sind, demzufolge allgemein bekannt wie kaum ein anderer Titel. Mit »Mensch ärgere Dich nicht« mag schon so manche Spielerkarriere begonnen haben, zu »Mensch ärgere Dich nicht« und dessen Verwandten kommt man gerne hin und wieder erleichtert zurück, wenn jene erste Entdeckerphase vorbei ist, in der es nicht komplex beziehungsweise umständlich genug sein kann. Der schlichte Name ist von großer Weisheit und unverschämt außerdem: Der Appell, sich nicht zu ärgern, gilt fürs Spielen insgesamt und überhaupt; und er ist eine Dreistigkeit bei einem Spiel, in dem das Ärgern zum Prinzip erhoben wird. Nur der Titel »Fang den Hut« beschreibt ähnlich anschaulich, was zu tun ist. »Mensch ärgere Dich nicht« ist auch dafür verantwortlich, daß die Sechs als mythische Zahl im Leben des Spielers gelten muß; wenn ein Würfel nach dem Ausrollen sechs Augen zeigt, nach einem letzten, heiß herbeigesehnten Kippen über die Kante vielleicht, erfaßt uns eine kleine Erregung, wärmt uns das Gefühl, Großes bewirken zu können, selbst wenn wir gerade mit einem Spiel befaßt sind, in dem die Sechs nicht die geringste Sonderrolle spielt. Sechs ist Aufbruch, Sechs ist Wiederkehr, Sechs ist die Korrektur einer Zumutung, also Triumph, ist Luxus und Überschwang. Sechs ist der Anfang aller Dinge, und manchmal auch das Ende.

Etwas anders liegt die Sache, wenn die Sechs ausbleibt. Wer je mit vier Figuren im seinem Eckchen ver-

harrte, indes die anderen fröhlich ihre Bahnen zogen oder gar schon das Heimathaus vor Augen hatten, weiß, wovon ich rede. Dreimal würfeln. Immer wieder dreimal würfeln. Vier, zwei, fünf. Fünf, zwei, vier. Wenn es einen Gott der Spieler gibt, hat er mich verlassen, es helfen weder Gebet noch Fluch, nur das Würfeln hilft, theoretisch, dreimal würfeln; zwei, fünf, vier. Derartiges sei zu ertragen, meinte ich? Derartiges ist ein Moment schwärzester Verzweiflung, ist dumpfe Wut ohne Ziel, die im Magen sitzt und kopfwärts quillt, ist der akute Verlust jeglicher Hoffnung sowie des Glaubens an auch nur rudimentäre Formen von Gerechtigkeit. Würfeln! Zwei, vier, fünf. Ich muß es gestehen: In solchen Situationen sind die Würfel schon weit geflogen. In der Toskana war das, in einem Ferienhaus bei Regen (aber nicht, daß jetzt der Verdacht sich festsetzt, ich würde mein Leben fröhlich pfeifend verbringen, indem ich spielend durch die Welt reise; meistens muß ich arbeiten und darf dabei so gut wie gar nicht spielen, der Urlaub ist deshalb die Zeit der vielen Spiele wie der dicken Bücher wie des ertragreichen Nichtstuns). Wir spielten nicht »Mensch ärgere Dich nicht«, sondern das »Siedler von Catan«-Kartenspiel; die Sechs ist dabei so wichtig oder unwichtig wie die Eins oder Drei, wichtig ist aber, wenigstens ab und zu genau jene Zahlen zu würfeln, welche die gerade benötigten Rohstoffe einbringen, auf daß man nach taktischen Erwägungen einen Ritter kaufen kann oder eine Siedlung bauen. Und jene Zahlen mochten nicht kommen. Mochten nicht, mochten nicht. Statt dessen kamen Zahlen, die der Gefährtin zu schrecklichem Vorsprung verhalfen, während ich, mei-

17

nes Erachtens und damit nachweislich schuldlos, in einem ruinenartigen Fürstentum alt zu werden drohte; da quoll die Wut. Schoß in den Arm. Und es flogen die Würfel quer über den Tisch, trafen N., was beim jetzigen Stand meiner Aufzeichnungen noch nicht zu verstehen ist, später aber in seiner ganzen Tragik deutlich werden wird. Sage nun niemand, ich könne nicht verlieren – fliegende Würfel sind ein sehr harmloser und unter wahren Freunden hinnehmbarer Ausdruck existentieller Krisen, und außerdem beruht das Verständnis auf Gegenseitigkeit, weil ich ja selbst weiß, wie das kleine Stück Kunststoff sich anfühlt, wenn es knackend den Kopf trifft. Ein solcher Ausbruch hilft im Spiel nicht weiter. Aber er erleichtert im Leben. Und er fördert die Stimmung am Tisch, weil wahre Freunde weder mitleidend den Arm um den Verzweifelten legen noch pikiert die Augenbrauen heben, sondern in tief empfundenes, von ganz innen kommendes Lachen ausbrechen. Denn sie wissen ja und genießen es, daß ihre Fröhlichkeit meinen Zorn düngt.

Fünf, vier, zwei: Ich habe bislang nur aus der Sicht dessen berichtet, bei dem die Sechs nicht kommen will. Auch wenn er sich elend einsam fühlt, ganz allein ist er nicht auf der Welt; der Spielergott mag ihn verlassen haben, die Mitspieler aber sind noch da. Sie ziehen, wie gesagt, ihre Bahnen, was als solches für sie schon ein Vergnügen ist, eine Freude, besonders, wenn sie zwei Felder vor einem entscheidenden Feld stehen und beim nächsten Würfeln nicht die Drei fällt, die Eins, die Vier, sondern natürlich die Zwei. Auf Dauer jedoch wäre das

langweilig, würde zur Gewohnheit wie eine lange Reihe von Sonnentagen im Süden. Wenn jedoch die Verwandten am Telefon vom Regen in der Heimat erzählen, von dieser verdammten deutschen Kälte und dem Neid auf die Urlauber am heißen Strand, strahlt die Sonne umgehend um einiges heller, frischer, leuchtet wie eben aufgegangen: Das entspricht meinem passenden Wurf, der beim anderen ausbleibt. Das ist, was gemeinhin als schönste Freude gilt und menschlich als ganz und gar unkorrekt eingestuft werden muß, wodurch es noch schöner wird. Die gute alte Schadenfreude ist's, eine kräftige Würze jedes Spiels und eigentlich auch des Lebens, nur daß sie dort eben mit schlechtem Gewissen einhergeht. Im Spiel nicht. Spiele sind weitgehend moralfrei – vielleicht lieben wir sie deshalb so, und vielleicht und hoffentlich sind es gar nicht die schlechtesten Menschen, die Spiele lieben, sondern solche, die im Leben durchaus den einen oder anderen Wert hochhalten und sich gelegentlich davon erholen müssen. Spielen Gauner, Verbrecher, Mörder? Keine Ahnung. Vermutlich schon. In Kriminalfilmen sitzen sie in verrauchten Hinterzimmern und pokern, und es kommt gelegentlich vor, daß eine Kugel das Spiel beendet statt eines Royal Flash. Aber sie müßten nicht spielen, meiner Theorie nach, weil ihr ganzes Dasein ein Spiel ist, nur eben mit sehr konkreten und leider unangenehmen Folgen. Manche Spielanleitungen lesen sich wie Berichte über die Auseinandersetzungen feindlicher Gangs: »Versuche, durch Ausspielen der Spion-Karte heimlich ins Hauptquartier des Gegners einzudringen und seine stärkste Figur auszuschalten. Wenn es dir

gelingt, bekommst du einen Siegpunkt. Wenn nicht, verlierst du eine Figur.« Und sind die Angriffsstrategien der Herren Generäle etwas anderes als ziemlich perverse Spiele mit lebendem Material? Schon immer hatte ich Lust, eine Bank auszurauben, nicht banal mit Gewalt und Geiseln und all diesen Widerwärtigkeiten, sondern einem genial konstruierten Plan folgend. Ich werde es voraussichtlich nie tun, allein deshalb schon, weil mir ein solcher Plan bislang nicht eingefallen ist. Dafür spiele ich gerne den Gangsterboß bei »Capone« oder den Großkapitalisten bei »Kohle, Kies & Knete«. Auch der perfekte Mord ist eine faszinierende Aufgabe. Manche schreiben Bücher, um ihrer gesellschaftlich unverträglichen Phantasie freien Lauf lassen zu können. Andere spielen und erfreuen sich des kleinen Mordes, bei »Mensch ärgere Dich nicht« eine Figur elegant vom Feld zu kicken.

Pädagogischer Einschub: Eltern, das ist kein Freibrief für die Kinder, nach Herzenslust spielerisch das Töten zu üben, auf Außerirdische ballernd am Computer oder mit schwerbewaffneten Plastikmonstern in sogenannten Spielen. Zwar verstehe ich von der einschlägigen Psychologie nicht das geringste und pflege darauf zu verweisen, daß ich einst gerne hinter dem Elternhaus als Winnetou mit der Silberbüchse reihenweise böse Bleichgesichter niedermähte, alternativ als Agent meine Gegner ebenfalls niemals schonte – und später trotzdem den Kriegsdienst verschmähte und auch anderweitig nicht mit größeren Gewalttaten in Erscheinung getreten bin. Ich kann mir aber schon vorstellen, daß es für

moralisch noch im Werden begriffene Menschlein zuträglichere Freizeitbeschäftigungen gibt als die heutzutage auf dem Markt befindlichen Lektionen in Brutalität. Es geht hier jedoch um Erwachsene, welche die Anstrengung des Anständigseins schon zur Genüge kennen.

Mensch, ärgere dich nicht? Blödsinn. Natürlich will ich, daß du dich ärgerst, denn dein Ärger verdoppelt meine Freude und beweist mir, daß ich allen Grund dazu habe, dein Ärger ist der Keim meiner Schadenfreude, weshalb ich es mir aus Gründen der Lusterhaltung zur Aufgabe machen muß, ihn gut zu pflegen und nach Möglichkeit wachsen zu lassen. Es gibt hierzu ein paar sehr einfache und vergnügliche Mittel, über die einige Menschen im Überfluß verfügen, andere weniger; ratsam ist es, im Falle eines Sieges zu den einigen zu gehören und im Falle einer Niederlage mit den anderen gespielt zu haben. Es handelt sich um eine spielerische Anleitung zum Unglücklichmachen – wer es noch nie versucht hat, dürfte überrascht sein, wie leicht das geht. Keineswegs bedarf es dazu der Bosheit oder schlimmer Worte, keiner Beschimpfungen oder Beleidigungen. Das wäre primitiv und überdies wirkungslos. Gelassenheit genügt, eine große, allumfassende, notfalls auch gespielte Gelassenheit, eine Art naturgegebene Zuversicht, die hinreichend aufdringlich signalisiert: Ich werde gewinnen, aber der Rede ist das eigentlich nicht weiter wert, weil ich sowieso nur gewinnen kann, nicht wahr? Wer angesichts dreier aufeinanderfolgender Sechsen in Aufregung gerät, zitternd weiterwürfelt und damit zu

erkennen gibt, daß er das eigene Glück nicht fassen kann, macht sich lächerlich. Souverän ist, wer das Glück hinnimmt als einzig denkbare Möglichkeit, wer das Glück gewissermaßen verkörpert – und damit alles, was ein Unglücklicher vermißt, ersehnt, verachtet. Ich würfele also nicht und sage: Mensch, schon wieder eine Sechs, das gibt's doch nicht! Vielmehr sage ich: Hm, eigentlich könnte ich jetzt mal eine Sechs würfeln. Und tue es natürlich. Na also, sage ich, ich hab's doch gleich gesagt. Und vielleicht noch eine, sage ich, und es kommt noch eine. Tut mir leid, sage ich, ich weiß, daß dich das ärgern muß, während ich die nächste Sechs würfele – versuche es doch einfach auch mal, du siehst ja, wie einfach das ist! So geht es eine Weile weiter, ein passender Wurf folgt dem anderen, von mir angekündigt und entsprechend kommentiert, indes auf der anderen Seite des Tisches nicht das geringste klappt, von mir entsprechend kommentiert, nicht etwa hämisch, sondern aufmunternd. Eine Art Rausch ist das, der in der absurden Überzeugung gipfelt, das Glück meisterhaft zu beherrschen, das Pech zu bannen allein durch den Glauben ans Glück; so muß es Roulette-Spielern gehen, die nach einer Serie von Gewinnen nicht mehr aufhören können, weil es so weitergehen muß, muß, muß. Dem Sieg würfele ich also auf diese Weise entgegen, ich sehe ihn unweigerlich kommen und bin aufgeregt wie selten, unfaßbar ist diese Strähne, aber das spielt sich innen ab. Außen sage ich: Fehlt bloß noch, daß ausgerechnet jetzt die Sechs kommt, aber ich fürchte, sie kommt tatsächlich. Und sie kommt. Du mußt dich wirklich nicht ärgern, sage ich. War doch nur ein Spiel. Beim

nächsten Mal kann es ganz anders ausgehen, auch wenn ich mir das jetzt nicht so recht vorstellen kann, ehrlich gesagt.

Selbstverständlich darf ich mich in den nächsten paar Stunden nicht sehen lassen, darf nur wenig sagen und vor allem nichts über das Spiel, weil ich andernfalls körperliche Angriffe zu gewärtigen habe. Höchstens sage ich mal vorsichtig: Erinnerst du dich? Und flüchte. Und fühle mich unschlagbar, bis zum nächsten Mal, wenn es dann tatsächlich ganz anders ausgeht. Seltsamerweise.

Mensch, ärgere dich! In dieser kleinen Sammlung teilweise verbotener Früchte fehlt mindestens eine noch, die mit der Sechs folgendermaßen zusammenhängt: Ein anderer hat sie, ich habe sie nicht; also bin ich nicht nur sauer, verzweifelt, wütend, ich bin auch neidisch. Ich gönne dir nicht, was mir so sehr fehlt, ich sehe überhaupt nicht ein, warum dir einfach zufällt, was mir versagt bleibt. Natürlich ist der Neid das letzte, was ich zugebe, viel lieber rede ich von deinem unverschämten Glück und meinem unverdienten Pech, heimlich vielleicht auf Mitleid hoffend, das mich dann auch früher oder später im Übermaß trifft: Du tätschelst mir die Wange, wenn es ganz schlimm kommt, sprichst ein paar tröstende Worte wie zu einem Kleinkind, dem gerade die Rassel zerbrochen ist, und schaust dabei so ehrlich traurig drein, daß ich inwendig gelb anlaufe. Sollte ich mir vielleicht Spielpartner wünschen, die ihre Triumphe kommentarlos hinnehmen, denen gegenüber Neid nicht aufkommen kann, weil sie ihren Reichtum hinter

Gleichgültigkeit verstecken? Ich stelle mir probehalber eine Partie »Mensch ärgere Dich nicht« mit Robotern vor: Metallisch ächzen die Scharniere, wenn sie mit ihrem Blecharm zum Würfeln ausholen, kühl blinkend registriert ihr Sensorauge das Ergebnis, wortlos reichen sie die Würfel weiter oder versetzen eine Figur, und wenn sie die vierte nach Hause gebracht haben, leuchtet auf ihrem Brustdisplay in grünen Buchstaben das Wort »Sieger« auf, und wenn ein anderer gewinnt, erscheint rot »Verlierer«. Es wäre ein reibungsloses Spiel, stets stünde fest, daß wirklich niemand sich versehentlich beim Setzen verzählt hat, es wäre ein Spiel so rationell wie das Formatieren einer Diskette. Ich aber säße am Tisch, würfelte meine Zahlen, passend oder nicht, freute mich oder nicht, überholte den führenden Roboter, sähe ihn frech an und fragte: Na, was sagst jetzt? Nichts. Kühl blinkte sein Sensorauge. Vielleicht gewänne ich sogar, zöge mit dem alles entscheidenden Wurf die Nummer vier ins Haus, lehnte mich befriedigt zurück – und niemand sagte »Glückwunsch« und reichte mir halbherzig die schlaffe Hand. Freude? Ach was. Es wäre nicht der Sieg in einem Spiel gewesen, sondern die Erfüllung einer beliebigen Aufgabe.

Wirkliche Computerspiele fallen in eine etwas andere Kategorie, einige erfordern eine erhebliche geistige Anstrengung oder körperliche Reaktionsschnelligkeit, so daß am Ende durchaus ein bemerkenswertes Gefühl zurückbleibt, das Gefühl, eine Herausforderung gemeistert zu haben. Der Umgang mit ihnen hat etwas von Selbstbefriedigung. Das Ergebnis ist gut, aber zu zweit oder dritt oder viert ist es anders. Reicher ist das Spiel

dann, vielschichtiger, mit zusätzlichen Ebenen versehen, mit doppelten Böden und geheimen Kammern. Freude. Schadenfreude. Wut. Ärger. Neid. Der Anblick all dessen. Die Erlaubnis, all dem freien Lauf zu lassen. Menschen, die aufgeblättert sind und nicht fürchten müssen, sich dadurch einen Makel einzuhandeln, den sie nach dem Spiel durchs Leben zu schleppen hätten. Auch deshalb spiele ich lieber mit Freunden oder guten Bekannten, die ich kenne oder wenigstens kennenlernen möchte, und nicht in anonymen Gruppen oder gar bei Großveranstaltungen. Wer wirklich spielt, läßt Masken fallen und zeigt sich stellenweise nackt – und ich möchte manche Menschen weder nackt sehen noch mich ihnen in diesem Zustand zeigen. Umgekehrt kann die Entblößung aber auch förderlich sein: Ich habe viel von dir gesehen; fast ist es, als wären wir Freunde.

Zugegeben, es gibt Tage, an denen ich mir abends wünsche, entweder morgens nicht aufgestanden zu sein oder mich wenigstens nur mit Dingen befaßt zu haben, auf die ich halbwegs Einfluß habe. Wie sorglos wäre alles verlaufen, hätte ich mich mit Arbeit begnügt und routinemäßig meine Pflicht erfüllt, wie entspannend, hätte ich ein Buch gelesen oder den ›Tatort‹ gesehen – möglicherweise wäre er ja mal wieder schlecht gewesen, doch hätte ich dazu nichts beigetragen und müßte mich schlimmstenfalls über vertane Zeit ärgern, aber nicht über mich beziehungsweise das Schicksal. Es sind Tage, an denen ich zunächst eine Partie »Caesar & Cleopatra« spiele und von meinem Stapel nie die richtige Karte ziehe, was in seinen emotionalen Folgen dem Ausbleiben

des passenden Wurfs entspricht; wer lieber mit Karten spielt, als irgendwelche Figuren über Bretter zu bewegen, braucht in allen entsprechenden Passagen bloß »Sechs« durch »As« oder dergleichen zu ersetzen. »Caesar« endet also zweiundzwanzig zu zehn zu meinem Nachteil. Nach der Erholungsphase folgt »Backgammon«: Wer zählt die Pasche der Partnerin, wer rechnet zusammen, wie viele Doppel-Sechsen sie gewürfelt, wie weit sie wie viele ihrer Steine dadurch ins Heimfeld gebracht hat? Ich habe nicht gezählt und gerechnet, aber ich sehe, wie sie einen um den anderen Stein hinausspielt, natürlich wieder mit einigen Paschen, während ich meine liebe Mühe habe, die vier geschlagenen, in der Bar stehenden Steine wenigstens noch rechtzeitig zurück ins Spiel zu bringen, damit meine Niederlage nicht dreifach zählt. Nun reicht es mir, zuviel des Pechs, zuviel der Ungerechtigkeit, zuviel der allumfassenden Verschwörung gegen einen einzelnen, unschuldigen Menschen.

Aber der Tag ist lang, und es ist Urlaub, und es ist doch schön, einen ganzen Tag lang zu spielen. Ich beruhige mich also nach angemessener Zeit wieder und schlage vor, zu den etwas anspruchsvolleren Unternehmungen überzugehen – all diese Glücksspiele zu gewinnen, sage ich, sei ja nun wirklich überhaupt keine Kunst; wobei ein Spiel als glücksabhängig im Zweifelsfalle dann gilt, wenn ich es verloren habe. Die Gefährtin ist natürlich einverstanden, ich kenne diesen Zustand: Wer eine Reihe von richtigen Würfen oder passenden Karten hinter sich hat, ist groß und stark und demzufolge in der Lage, auch geistig jeden Gegner niederzurin-

gen, der im Wege stehen mag. Wir spielen also »Gipf«, ein zum Zeitpunkt dieser Aufzeichnungen neues, recht raffiniertes Strategiespiel. Keine Würfel, keine Karten, kein Glück. Nur einige Steine nach »Dame«-Art, ein Brett mit Feldern und die Aufgabe, die Steine so zu setzen, daß mindestens vier in einer Reihe nebeneinander liegen, worauf die ebenfalls in dieser Reihe liegenden Steine des Gegners geschlagen werden können. Muß ich mitteilen, daß es das Ziel ist, den Gegner zugunfähig zu schlagen; muß ich erwähnen, daß ich es bin, der bald nicht mehr ziehen kann? Ich habe dieses Spiel auch schon gewonnen, kann also nicht von Haus aus überfordert sein – was war es dann, da es kein Pech war? Ein Anfall von Geistesschwäche? Es war jedenfalls nichts, was mich beruhigen könnte, nichts, was den schlimmen Stern zum Erlöschen brächte, unter dem dieser Tag steht. Ist es nicht doch angenehmer, fluchend fehlendes Glück beklagen zu müssen als, an sich zweifelnd, den Mangel an Begabung? Womit stehe ich besser da?

Später werfen wir zum Abschluß noch jene Würfel, auf die statt Zahlen Buchstaben gedruckt sind, aus denen wir wie bei »Scrabble« mittels Aneinanderfügen Worte zu bilden haben. Es ist ein einfaches, bescheidenes kleines Spiel, das dennoch in guten Stunden gute Gefühle hinterlassen kann, vor allem beim Sieger den Stolz, trotz zufällig ungünstigsten Ausgangsmaterials zu außerordentlich kreativen Wortbildungen fähig zu sein. Ich sage: in guten Stunden. Nicht an diesem Tag. Kann jemand mit einem »C« ohne »H«, mit einem »Y« und zweimal dem »X« sinnvolle Wörter formen, wenn zum »Sex« das »S« fehlt und zur »Hexe« das »H«? Ich kann

27

es nicht. Ich kann, genaugenommen, überhaupt nichts. Habe nichts. Kein Glück, keinen Geist. Bin nichts, bloß Verlierer. Lege mich ins Bett und stelle mir vor, wie entspannend es gewesen wäre, noch einmal den ›Zauberberg‹ zu lesen.

Finis Ludi.

Vier, fünf, zwei.

Morgen kommt die Sechs. Ich weiß es.

Die Enthüllung

Manchen Menschen mag es überaus reizvoll erscheinen, Kritiker von Spielen zu sein. Wer gerne ins Theater oder Kino geht oder liest, beneidet vermutlich ebenfalls jene, die von Berufs wegen ins Theater oder Kino gehen oder lesen, weil das Hobby dann als Arbeit gilt und vor allem nichts kostet. Ich will auch gar nicht klagen. Ich besitze viele Spiele und habe nur in Ausnahmefällen dafür bezahlt, weil die meisten Verlage wohl zu Recht annehmen, selbst ein Verriß, wenn ihn genügend Leser zur Kenntnis nehmen, sei immer noch besser als überhaupt keine Erwähnung. Ich will angesichts des garantierten Nachschubs für mein Spieleregal nicht darüber klagen, daß es keineswegs immer nur ein Vergnügen ist, die Erzeugnisse hoffnungsfroher Erfinder und mitunter wagemutiger Verleger mit jenem Blick zu mustern, der schon viele solche Erzeugnisse gesehen hat. Weil er im Laufe der Jahre zwangsläufig immer mehr wiedererkennt, leicht verändert in einem anderen Kleid; weil ein gewisser Überdruß die Folge ist und das zweifellos ungerechte Gefühl, belästigt zu werden mit höchst überflüssigen Zeitfressern. Weil ich mich trotzdem damit befassen muß, um dieses Gefühl begründen oder korrigieren zu können. Weil ich manchmal so weit bin, vor allem angesichts der Masse von nur scheinbar Neuem auf Messen, dem ganzen Betrieb ein sanftes Ende zu wünschen: Leute, denke ich dann, es gibt doch wahrlich schon genug Spiele, hört auf, nehmt die wenigen guten

29

alten wieder her und unterläßt die Produktion vieler schlechter neuer. Natürlich will ich das nicht wirklich. Ich könnte ja auch selbst aufhören und fortan tun, wozu ich viel zu selten bis gar nicht komme: »Scotland Yard« spielen. Oder »Dampfroß«. Oder »Adel verpflichtet«. Das vernachlässigte Alte eben, anstatt des als stete Verpflichtung anstehenden Neuen.

Ich höre nicht auf. Ich kann es mir nicht vorstellen, jemals aufzuhören. Das Neue ist offenbar ein Wert an sich, wider alle Erfahrung, wonach in mindestens sieben von zehn Fällen der Neugier die Enttäuschung folgt. Ich bin gespannt aufs neue Werk des bekannten Autors, aufs erste des neuen. Ich hoffe auf nie dagewesene Spielmechanismen, auf die ganz große oder wenigstens ganz kleine Überraschung, den verblüffenden Einfall. Auf das Gefühl, das sich einstellt nach dem Einstieg, hoffe, daß es sich unterscheiden möge von den längst bekannten Gefühlen; hoffe auf ein Erlebnis, wie man Erwartungen hortet vor dem ersten Urlaub in einem fremden Land, um dann vielleicht doch festzustellen, daß es nur aus Erde besteht, Wasser, Felsen, Bäumen, Häusern und Menschen, die gar nicht so sehr anders sind als die Zutaten jedes anderen Landes. Manche Länder aber sind so, daß wir immer wieder hinfahren, weil wir dort eine zweite oder gar erste Heimat gefunden haben, was vielleicht ebenso an uns liegt wie am Land. Könnte aber nicht doch diese andere Insel, auf der wir noch nie waren, ein Geheimnis bergen, das wir unbedingt lüften müssen?

Es ist die Schachtel. Sie muß eingeschweißt sein, tut mir ehrlich leid, Abfallvermeider und Rohstoffhüter,

aber die Schachtel muß jene durchsichtige Hülle haben, die ihre Unberührtheit beweist. Sie muß unberührt sein, weil sie nur dann mit Sicherheit ganz neu ist, weil nur dann nicht die Gefahr besteht, daß vor mir schon jemand entdeckt hat, was ich zu entdecken hoffe. Natürlich ist das ziemlich einfältig, ein allzu offensichtlicher Selbstbetrug, denn mir entgeht nicht, daß es die Schachtel in vielleicht zweitausend eingeschweißten, unberührten, neuen Exemplaren gibt, daß demzufolge eintausendneunhundertneunundneunzig andere ebenfalls jeweils als erste ihren Inhalt entdecken und der Überzeugung sind, ihn als einzige zu entdecken. Das entspricht vermutlich auf Umwegen dem etwas seltsamen Verlangen der Bibliophilen, ein gelesenes Buch selbst im Regal stehen zu haben und nicht einem Ausleiher zurückgeben zu müssen – um es hin und wieder zu sehen, sich zu erinnern, »mein Buch« zu ihm zu sagen und die bloße Anwesenheit als Bereicherung zu veranschlagen. Mein Spiel. Solche Vorlieben sind nichts, womit man unter vernünftige Menschen treten und Bewunderung erwarten darf; ebenso könnte ich zugeben, heimlich in Pornoheften zu blättern, und fände ebenso wenige bekennende Gleichgesinnte. Aber es gibt Pornohefte, massenhaft. Und es liegen die Spiele verschweißt im Laden, massenhaft. Ich glaube nicht, daß das bloß praktische Gründe hat.

Die Schachtel hat einen Umfang und ein Gewicht, und bei beidem handelt es sich keineswegs nur um Äußerlichkeiten. Bei den Essener Spiele-Tagen, einer Jahr für Jahr wachsenden Veranstaltung, die sich von der Nürnberger Spielwarenmesse vor allem dadurch

unterscheidet, daß nicht Einkäufer einkaufen, sondern Spieler spielen – bei dieser Massenzusammenkunft von Besessenen also hatte ich ein Exemplar der damaligen Neuheit »Die Macher« in einer Tüte vor mir auf dem Boden stehen. Große Schachtel, hohes Gewicht; und vorzügliches Spiel, nebenbei bemerkt, aber darum geht es hier nicht. Es geht darum, daß sich mir freundlich lächelnd ein etwa fünfzehnjähriger Junge näherte, daß er auf die Tüte zeigte und sagte: »Neu, nicht wahr? Darf ich es mal anfassen?« Klar doch, er durfte, er zog die Schachtel aus der Tüte, wog sie in der Hand, schüttelte sie vorsichtig, betrachtete sie von allen Seiten. »Schwer«, sagte er anerkennend, »ist viel drin, oder?« »Ja«, sagte ich, »ich habe es von innen noch nicht gesehen, aber es fühlt sich an, als wäre viel drin.« Der Junge steckte das Spiel zurück in die Tüte. »Schön. Ich werde es mir auch holen.« Die kurze Inhaltsangabe auf der Rückseite der Schachtel hatte er nicht gelesen, und er hatte sich auch nicht bei mir erkundigt, worum's geht. Es war egal. Es war viel drin. Das genügte fürs Besitzverlangen. Darf ich es mal anfassen? Ähnlich wird es wohl bei Automobilausstellungen zugehen, aber Autos sind Blech. Spiele sind Spiele.

Ja, es ist schön, wenn viel drin ist. Früher war das auch für mich ein entscheidendes Kriterium, der Junge erinnerte mich an mich selbst; die Menge des Materials war nicht wichtig als Gegenwert fürs Geld, sondern zur Befriedigung des Spieltriebs, als Versprechen, daß es viel zu entdecken gebe. Inzwischen weiß ich, daß mit wenigen Mitteln nicht selten bessere Spiele entstehen als mit einer Fülle von Zubehör, hinter der sich viel-

leicht doch nur eine bescheidene Idee verbirgt. Aber es ist immer noch schön, wenn viel drin ist. Wenn ich den Deckel hebe, höchst gespannt, und den vielfach gefalteten, hoffentlich recht großen Spielplan sehe und darunter die Figuren, die Karten, die Würfel, die Tütchen, die Säckchen, das Holz, die Farben, die Bilder und das Heft, in dem steht, wie dies alles sich sinnvoll zusammenfügt. Dieser Moment ist es, für den ich nie aufhören werde, der immer wieder neu ist und der erste seiner Art, selbst im Februar oder März, wenn die Neuheiten in Stapeln herumstehen und ein Abend fünf solcher Momente bereithält, von denen jeder der einzige ist. Was folgt, ist meist Mühsal, Ernüchterung, der Gedanke, es genügte, die Spiele zu öffnen und dann zu verschenken. Aber wer nähme schon gerne, was nicht mehr eingeschweißt ist?

Bei der Eroberung eines neuen Spiels gibt es auch einen Punkt, in dem sich das kommerzielle Interesse des Verlags und das emotionale des Spielers wundersam treffen: Es kostete einiges, das Material in gebrauchsfähiger Form beizulegen, die Geldmünzen schon aus dem Karton gelöst, die Pappfigur schon in ihre Halterung gesteckt, den Heckflügel schon zum Rennwagen gefügt – es kostete aber vor allem uns das Vergnügen, dies alles selbst zu tun. Kindlich? Aber natürlich. Kindliches Basteln, kindliche Freude am Gebastelten. Es geht ja ums Spielen. Bausätze klebe ich schon lange nicht mehr zusammen, weil ich nicht wüßte, wohin mit den Schiffen, Autos, Flugzeugen. Verschenken kann man so was nicht, denn wer nähme gerne, was schon

gebastelt ist. So sind manche Spiele auch kleine Bausätze mit dem Vorteil, nach ihrer Fertigstellung mehr zu sein als nur ein Gegenstand nachlassenden Stolzes, der unweigerlich in den Status des Staubfängers übergeht.

Leider übersehen heutzutage aber viele Firmen, daß wir am Ende auch passende Plätze brauchen für all die großen und kleinen Dinge in der Schachtel, daß eine meinetwegen als spießig zu bezeichnende Ordnung herrschen muß, daß jede Figur ihr angemessenes Fächlein braucht und jedes Päckchen Karten seine Mulde, in der es fugenlos verschwindet. Gewiß verfügen geübte, also leiderprobte Spieler über eine kleine Sammlung von Ringgummis und Plastiktütchen, mit deren Hilfe sie dauerhaft trennen, was nicht zusammengehört und deshalb vor jedem Spiel erst mühsam zusammengesucht werden müßte – das ist aber nicht mehr als eine Notlösung. Ausnahmsweise stimmt in dieser Angelegenheit jener Satz der Alten, wonach früher alles besser war; früher bestand das Innenleben fast jeder Schachtel aus einem sogenannten Tiefziehteil aus Plastik, nach Belieben beziehungsweise nach dem jeweils beiliegenden Material geformt. Fächlein für Figuren, Mulden für Kartenpäckchen. Heute gibt es die notgedrungen Sparsamen, die der Schachtel und uns gar nichts gönnen, weshalb das Spiel nach jedem Transport, und sei es nur vom Regal zum Tisch, ein Chaos birgt, das zur Entsorgung animiert anstatt zum Spielen. Dafür haben wir sogar Verständnis – wenn es andernfalls das Spiel überhaupt nicht gäbe. Heute gibt es aber vor allem jene, die in vorauseilendem Gehorsam um ökologische Korrektheit bemüht sind; das muß man begrüßen und darf es

verfluchen. Inneneinteilung aus Pappe, die zwar teurer ist als Plastik, aber als Einteilung nicht gelten kann, weil sie nur einen groben Rahmen bietet, der das Chaos verkleinert, doch nicht verhindert. Nein, auch dabei handelt es sich nicht um Nebensächlichkeiten. Sind Spiele potentieller Müll? Wir werfen sie schon nicht weg, selbst wenn sie schlecht sind.

Nur eines steht jetzt noch zwischen dem Spiel und dem Spielen, das ist die Regel, das Heftchen, mehr oder weniger bunt, illustriert, anschaulich. Gut geschrieben? Nun ja, geschrieben. Es soll ja keine Literatur sein, nur eine Sprache, die ihren Zweck erfüllt: zu erklären, worum es geht und wie, so zu erklären, daß möglichst wenige Fragen offenbleiben und die Zahl der denkbaren Mißverständnisse gegen null geht, daß später auch bei Ausnahmen und Zweifelsfällen nicht nur die Spekulation und damit der Streit bleibt. Offensichtlich setzt das eine Fähigkeit voraus, die so selten ist wie in Japan die Begabung, die Gebrauchsanweisung eines Computers in verständlichem Deutsch zu verfassen. Ich stelle mir vor, daß Menschen, die an der Entwicklung eines Spiels nicht beteiligt waren, ganz gut beurteilen könnten, ob eine Anleitung ihren Zweck erfüllt; aber ich stelle mir ja auch vor, daß ein Spiel gründlich ausprobiert wird, bevor es in die Läden geliefert wird, also keine Unzulänglichkeiten aufweisen kann, die schon beim ersten Durchgang auch dem Unerfahrensten auffallen. Mit Geschriebenem verhält es sich außerdem im allgemeinen so, daß es als um so besser gilt, je kürzer es ist – das betrifft nicht nur die Dichter und Reporter, sondern

auch die Verfasser von Spielanleitungen. Natürlich ist das Humbug, weil es keine zu langen Texte gibt, sondern nur zu schlechte; aber es hat zur Folge, daß umfangreiche Anleitungen ebenso abschreckend wirken wie dicke Romane, jedenfalls auf manche, die im Falle des Spiels nicht ganz zu Unrecht sagen: Ich will doch spielen, nicht lesen. Leider gibt es zumindest bei neuen oder lange nicht benutzten Spielen das eine nicht ohne das andere; wer nur widerstrebend Anleitungen liest, braucht demzufolge in seiner Runde einen, der es gerne tut und sich dann der Mühe unterzieht, anschaulich zu erklären, was er womöglich selbst nur ansatzweise verstanden hat.

So einer bin ich. Ich lese gerne, auch Anleitungen; ich lese Anleitungen gerne, weil das ein Teil des Entdeckens ist, ein Vorgang des Vertrautwerdens: Absatz für Absatz, wenn es gut geht, enthüllt sich Sinn, sehe ich das kommende Erlebnis vor mir und freue mich darauf oder auch nicht. Oft genügt schon diese Lektüre, um ein Spiel einschätzen zu können, weil es ja aus weitgehend bekannten Zutaten besteht; manchmal gibt es trotzdem Überraschungen, so oder so. Jedenfalls möchte ich nach dem Lesen voller Tatendrang gerne anfangen. Darf aber nicht. Kann auch nicht. Muß, grundsätzlich Übles ahnend, das Heft auf dem Tisch vor mir ausbreiten, das Material sorgsam bereitlegen und um Aufmerksamkeit bitten. Ja, doch, leider, um Aufmerksamkeit bitten, mehrfach und lehrerartig, denn einem Naturphänomen zufolge, das meines Wissens noch weitgehend unerforscht ist, findet sich in jeder Runde mindestens einer oder eine, der oder die seine oder ihre

36

Befriedigung darin findet, die Bemühungen des Lehrers durch allerlei Kindereien zu unterwandern. Nicht, daß das Mitspieler oder Mitspielerinnen wären, die zum Mitspielen keine Lust haben – das könnte ich noch nachvollziehen; fürs erste scheint es ihnen aber mehr Lust zu bereiten, mich aus dem Konzept zu bringen. Ich neige in solchen Fällen von vorsätzlicher Unaufmerksamkeit und fahrlässiger Beschäftigung mit Nebensächlichkeiten dazu, bald ungeduldig bis böse zu werden, was mich stets in der Richtigkeit der Entscheidung bestärkt, nicht Lehrer geworden zu sein. (Ich habe es allerdings ohnehin nie erwogen.)

Übrigens: Daß ich soeben, anders als sonst, sprachlich beide Geschlechter berücksichtigt habe, ist nicht ohne Grund geschehen – ich wollte damit feinsinnig deutlich machen, daß Frauen meiner Erfahrung nach beim erwähnten Phänomen eine besondere Rolle spielen. Mehr sage ich nicht. Ich erzähle nicht von jenen Abenden, an denen ich ganz allein mit zwei Frauen am Tisch saß, was normalerweise keine unangenehme Situation ist, beim Erklären von Regeln aber zur Verzweiflung männlicherseits führen kann. Dieses Kichern. Diese Freude daran, den Typen sich abstrampeln zu sehen und mit einer vollkommen unpassenden Bemerkung das Ergebnis viertelstündiger Erläuterungen zunichte zu machen. Hin und wieder hatte ich den Verdacht, nicht wirklich ernstgenommen zu werden. Aggressive Ausfälle verboten sich von selbst, weil sie erstens das Kichern zum Gelächter hätten anschwellen lassen und zweitens, so ahnte ich, meiner männlichen Autorität nicht zuträglich gewesen wären. Demzufolge blieb nur

die Hoffnung, wenigstens in einem Anfall von Mitleid würden sie mir eines fernen Tages zuhören. So geschah es auch, meist. Ich will damit sagen: Nicht nur Männer sind kindisch, glücklicherweise. Auch Frauen spielen gerne, vor allem mit Männern.

Aber Schluß jetzt, ich habe alles erklärt, wer nicht zugehört hat, ist selbst schuld und wird während des Spiels auf Fragen stoßen, die ich vielleicht beantworte. Vielleicht! Und bestimmt nicht ohne den Gesichtsausdruck des Lehrers, der die Schulaufgabe mit einer Sechs versehen zurückgibt und sich die beliebte Bemerkung nicht verkneifen mag, daß es vielleicht doch besser gewesen wäre, ihm etwas mehr Aufmerksamkeit zu schenken.

Dienst ist Schnaps

Wie gesagt, ein Spiel ist eine Schachtel, in der was drin ist, nämlich das notwendige Material und die Anleitung zum Umgang mit ihm. Wenn die Gebrauchsanweisung fehlt, wird es schwierig. Zwar funktionieren die meisten Spiele im Grunde nach ähnlichen Regeln und haben als Gerüst sogenannte Mechanismen, deren Zahl endlich ist, weil auch die Phantasie derer endlich ist, die sie erfinden – das heißt aber nicht, daß man vom alten »Malefiz« so ohne weiteres aufs neue »Magalon« schließen könnte, nur weil in beiden Fällen den Figuren Hindernisse im Weg stehen. Wenn die Anleitung fehlt, geht normalerweise gar nichts. Was sollte man zum Beispiel mit einem Päckchen Karten anfangen, auf denen Schlangen abgebildet sind und Zahlen stehen? Für den anzunehmenden Fall, daß dieses Buch auch in Ägypten gelesen wird, im Hotel Isis Island in Assuan, um genau zu sein, für diesen Fall möchte ich eben das wissen: Was machen die Kellner dort mit diesen Karten ohne Anleitung? Spielen sie? Und was? Und wie?

Die Sache ist die, daß wir zu viert im Hotel saßen und uns mit »Daumen drauf« abmühten, einem Spiel, über das ich schreiben mußte und ansonsten nicht nur den üblichen Mantel, sondern gleich eine komplette Kollektion des Schweigens legen möchte. Ich hatte es in den Urlaub mitgenommen, weil es angenehm transportabel war, lediglich aus gut hundert Karten bestand. Wir saßen also im Hotel und versuchten, mit den Daumen

die Giftzähne der Schlangen auf manchen Karten zu bedecken und zu verstecken, gleichzeitig die Karten zu halten und Karten auszuspielen und manchmal auch einen Schluck Wein zu trinken oder gar an einer Zigarette zu ziehen – kurz, es war mühsam, es war langweilig, es war furchtbar. Die Kellner beobachteten uns und musterten die Karten, brachten Wein und rafften sich nach der dritten Flasche endlich zur offenbar schon länger drängenden Frage auf, was das sei. Ich freute mich, wie immer, wenn sich jemand unerwarteterweise für Spiele interessiert, erklärte das Material, aber nicht die Regeln, und über das Ergebnis des kurzen Gesprächs freute ich mich dann noch mehr: Die Karten durften in Ägypten bleiben. Die Kellner hatten ein ungewöhnlich leidenschaftliches Interesse an ihnen entwickelt – an den Karten nur, die sie strahlend entgegennahmen, nicht an der Anleitung, die ich wegen der Kritik behalten mußte. Es war ihnen egal. Sie hatten keinen Bedarf. Kein Mensch wird je zu ihnen kommen und die Regeln erklären können, wie es vielleicht bei »Schafkopf« der Fall wäre. Es war ihnen egal. Was machen sie also mit den Karten?

Vermutlich hätte ich mir darüber weniger Gedanken gemacht, wenn diese kindliche Freude nicht gewesen wäre, die aus dem Spiel ein Spielzeug machte. Und ich würde es nicht erzählen, wenn das Erlebnis nicht eines von etlichen gewesen wäre, die ich, ehrlich gesagt, alles in allem spannender fand als den Anblick furchterregend vieler Hieroglyphen und sonstiger Überbleibsel vergangenster Vergangenheit. Ich behielte es für mich, wenn es nur auf eine Art schriftlichen Dia-Abend hin-

40

auslief, mit dem ihm eigenen Unterhaltungswert für Unbeteiligte – es handelt sich aber in Wahrheit um tiefschürfende Erkenntnisse. Es geht ums Spielen, außerdem um den Sinn im allgemeinen und nicht zuletzt um den Standort Deutschland. Ägypten hat auf den ersten Urlauberblick natürlich recht wenig mit letzterem zu tun oder nur insofern, als es einem wackeren Deutschen zur Abschreckung dienen müßte; so sollte man nicht sein, so unorganisiert, so ganz ohne Tagesordnung, wenn man so sein will wie wir, und immerhin hat es doch in der Vergangenheit einiges eingebracht, daß wir so sind, wie wir sind.

Wir haben immerzu Rotwein getrunken während dieser Reise, manchmal bereits mittags, stets am Abend, alles in allem so viel, daß er auf dem Nildampfer schon kurz hinter dem Tempel von Kôm Ombo ausging. Natürlich ist den Kellnern unsere Vorliebe nicht verborgen geblieben, was sich äußerte wie folgt: »Red Wine?« fragten sie, wann immer sie uns sahen, morgens, mittags, abends, nachts und zu jeder Zeit dazwischen und überall, fragten es und grinsten schelmisch, als müßten sie eine Truppe nicht ganz ernst zu nehmender, gutmütiger Trinker aus unerfindlichen Gründen bei Laune halten. Sie fragten es mit der gleichen Verschmitztheit, die sie auch bei anderen Gelegenheiten an den Tag legten: wenn sie das Essen brachten und scheinbar versehentlich falsch zuteilten, oder wenn sie uns ein Glas Wasser über die Hose zu schütten drohten. Es war, als würden wir von gut aufgelegten, übermütigen Kindern bedient, deren Scherze zwar nicht immer von überzeugendstem Witz waren, aber eben doch Scherze, Streiche, Necke-

reien, Versuche, eine nützliche, zweckgebundene Tätigkeit mit kleinen Verrücktheiten zu verzieren. So wird das Banale interessant und das Schwere leicht. Und wir? Lachten. Freuten uns, vor allem über weitere Produkte dieser ganz speziellen Phantasie: über die lebensgroßen Puppen, die sie eines Nachts heimlich gebastelt und in den mit bunten Lämpchen verzauberten Gang vor den Schiffskabinen gestellt hatten, Puppen aus Kissen und Decken, angezogen mit den Jacken und Hüten und Nachthemden der Passagiere. Bubenhafter Stolz leuchtete in ihren Gesichtern, als sie sich mit uns und diesen wundersamen Gestalten photographieren ließen, nicht etwa nur Zufriedenheit angesichts der Erledigung einer tourismusfördernden Pflicht. Hätte es da nicht die beiden deutschen Passagiere gegeben, die sich sehr über den hinderlichen Unfug im engen Gang erregten – es wäre eine rundum gelungene und erfolgreiche Einlage gewesen.

Ich will aus diesen zweifellos zufälligen Urlaubserlebnissen keine allgemeingültigen Weisheiten über das Wesen des Ägypters ableiten, wage aber doch, einen mir in den Kram passenden Gedanken zu denken: Könnte ja sein, daß diese Neigung zum praktisch Nutzlosen mit dem nicht ganz so perfekt organisierten Alltag im Lande irgendwie zusammenhängt. Könnte weiterhin sein, daß es bei uns umgekehrt ist – daß wir uns also über herumliegende Puppen empören müssen, weil wir ein Ziel ganz fest im Auge haben und es gar nicht mögen, vom schnellsten Weg dahin abgebracht zu werden. Normalerweise ist das die Rendite, das Produkt, das Ergebnis; im Urlaub mag es die Bar sein, mit derselben Ernsthaftig-

keit anzusteuern wie ein Vertragsabschluß. Unsere Kellner in all ihrem Unernst sind eine Provokation: Das bringt doch nichts, was sie tun, sie kommen nicht zur Sache, sondern verhüllen die Sache mit einem Glitzerkleid. Bei Kindern mag das noch angehen, sie wissen's nicht besser, aber erwachsene Menschen, sagt der Standortbewohner, sollten unterscheiden können zwischen Pflicht und Kür. »Red Wine?« Jetzt nicht. Das wißt ihr doch inzwischen. Wozu also die Frage? – Die Frage ist ein Spiel.

Weiter oben war vom Sinn im allgemeinen die Rede; kann sein, daß er noch immer nicht ganz deutlich geworden ist. Aber vielleicht wenigstens der Sinn des Standorts Deutschland? Gut, noch einmal: Er besteht darin, möglichst wenig Unsinn zu machen oder jedenfalls nur am Ende der Ordnung, unter dem Punkt »Verschiedenes«, wenn alles Wichtige erledigt ist. Könnte man sich, nur so zum Beispiel, eine Vorstandssitzung ausmalen, in welcher der Vorsitzende dieses Vorstands gleich zu Beginn ein Kartenspiel aus dem Aktenkoffer holt, sich vorfreudig die Hände reibt und sagt: »Meine Freundinnen und Freunde, jetzt spielen wir zunächst mal eine Runde ›Das große und das kleine A.‹«? Vielleicht spielt er ja sogar ganz gerne, dieser Vorsitzende, aber eben nur am ersten Montag im Monat, abends nach der letzten Sitzung, beim Lebensordnungspunkt »Wünsche«. Ich habe es jedoch selbst erlebt, bei den segensreichen »Priener Brücken« eines inzwischen dem großen Fressen anheimgefallenen Spieleverlags, wie respektable Universitätsprofessoren zu liebenswer-

ten Kindern werden können, wenn man ihnen eine fachfremde Aufgabe zuweist: Nenne in einer Minute möglichst viele Wörter mit dem Anfangsbuchstaben »U«, die vor dir noch keiner genannt hat. Bringt das was? Natürlich nicht, das ist ja das Nette. Um also zur Vorstandssitzung zurückzukommen: Protokollarisch Bedeutsames wäre nicht zu erwarten, aber zwischenmenschlich Spannendes, wenn der für Finanzen zuständige Bereichsleiter seine ganze Kraft der Frage widmete, wie er die Karte mit dem großen pickeligen Arsch möglichst rasch wieder loswerden kann, wenn er sie dann leise triumphierend dem Kollegen vom Marketing unterschöbe und selbiger keine Scheu hätte, das lästige, am Ende negativ zählende Ding im letzten Moment doch dem Boß in die Hand zu drücken. Wie lebt es sich mit dieser Art von Niederlagen, Herr Vorsitzender?

Selbstverständlich, das ist naiv. Für derartige Sperenzchen bleibt keine Zeit im globalen Wettbewerb; der Japaner spielt ja auch nicht während der Arbeitszeit, von den Tigerstaaten ganz zu schweigen. Aber vielleicht der Grieche, wenigstens ein bißchen? Natürlich, so sieht seine Wirtschaft auch aus. Sieht aus wie die alten Männer, die in den Kafenions sitzen und Tafli spielen, weniger vom Herzinfarkt bedroht als von ungünstig fallenden Würfeln. Ich weiß schon, es wird darauf hinauslaufen, daß ich meinen Traum vom Standort Spieleland wieder nicht Wirklichkeit werden lassen kann, weil die ernsthaften, grauen Männer mit ihren großen Taschenrechnern kommen und mir beweisen werden, daß selbst die Herstellung von Spielen eine Angelegenheit ist, bei der man nicht spielen darf, sondern streng zur Sache

kommen und bei ihr bleiben muß, wenn man nicht draufzahlen will. Es wird darauf hinauslaufen, daß die beiden unerfreulichsten deutschen, sehr deutschen Sätze weiterhin gesprochen werden: »Dienst ist Dienst und Schnaps ist Schnaps«, lautet der eine, »Erst die Arbeit, dann das Vergnügen« der andere. Zusammen mit dem Wort vom »Ernst des Lebens« formen sie das Bermuda-Dreieck, in dem das Spielen versinkt, aus dem es nur noch feierabends gelegentlich auftaucht und bei vielen überhaupt nie mehr. Nur wer als Künstler gilt oder als anderweitig ungewöhnlich erfinderisch, darf spinnen während der Arbeitszeit, weil im scheinbar Sinnlosen, das er treibt, ein Sinn zu sein scheint. Der Künstler ist ein Spieler? Der Spieler ein Künstler? Die Sinnlosigkeit der Sinn? Die sinnvolle Kunst des sinnlosen Spielens. Ja, das klingt gut. Und Dienst ist Schnaps.

Wir sprechen uns später!

In seiner Anfangszeit versuchte das Privatfernsehen unter erheblichen Anstrengungen, dem seinerzeitigen medienpolitischen Motto »Mehr Vielfalt« gerecht zu werden, weshalb wir uns mit ganz neuen Formen televisionärer Erotik konfrontiert sahen, mit mitternächtlichem Rammeln einerseits und spätabendlichen Sex-Shows andererseits. Eine dieser Shows hieß »Tutti Frutti« und war eine Art Spiel, dessen Regeln niemand wirklich verstand, was aber niemandem etwas ausmachte, weil es ohnehin immer nur darum ging, den Auftritt so nackt wie schlecht tanzender Mädchen halbwegs zu begründen. Eine andere Show trug den schönen Titel »Eine Chance für die Liebe«: Da saß eine nicht mehr ganz junge, aber noch hinreichend attraktive Österreicherin namens Erika Berger auf einem Sofa, zeigte eher sittsam ihre Beine und ließ sich kenntnisreich über Zuschauerfragen in Sachen Lust und Liebe aus. Ich habe nie zu ergründen versucht, woher sie ihre Kenntnisse nahm, ob sie Fachfrau war oder Plaudertante, das war so egal wie die »Tutti«-Regeln; Hauptsache, das Wort »Orgasmus« wurde oft genug ausgesprochen. Erika Berger verschwand bald wieder im Nirgendwo, aus dem sie aufgetaucht war, dieser ganze erste Schwall von Sex-Sendungen verschwand und machte Platz dem zweiten und dritten, in denen die Titel sprachspielerisch »Peep!« heißen oder »Wa(h)re Liebe«. Privatfernsehen braucht auch Programme für die Zielgruppe der Voyeure, denn sie ist groß.

46

Keine Sorge, es geht schon immer noch ums Spielen. Eines Tages nämlich, im Frühjahr 1991, gab es plötzlich ein Spiel, auf dessen Schachtel ein bekanntes Bild prangte: Erika Berger, auf ihrem Sofa sitzend, die Beine zeigend, verständnisvoll lächelnd. Natürlich hieß das Spiel »Eine Chance für die Liebe«, und natürlich war es einer jener durchsichtigen Versuche, den Erfolg eines bestimmten Produkts auf andere, davon abgeleitete Produkte zu übertragen, also Merchandising, also das Vorhaben, mit möglichst wenig Einfallsreichtum möglichst viel Geld zu verdienen. Bei Spielen geht das meist schief – Freunde des schlauen Schäferhunds »Kommissar Rex« zum Beispiel sind ja vielleicht mit seiner häßlichen Plüschtier-Fassung noch leidlich zufrieden, das Spiel gleichen Namens interessiert sie deshalb noch lange nicht wirklich, weil sie im Zweifelsfalle eben Hundeliebhaber sind, nicht Spieler. Spieler wiederum wollen gute Spiele und sind selten so einfältig, eine Fernsehserie mit ihrem Abfallprodukt zu verwechseln; höchstens einmal passiert ihnen das. Solche Spiele bekommen demzufolge, was sie verdienen, eine frühe Verramschung, die niemand beweint. Auch »Eine Chance für die Liebe« ist längst vergessen, vielleicht hat Erika Berger zu Hause im Nirgendwo noch ein Exemplar, spielt mit sich selbst und erinnert sich traurig der besseren Zeiten. Mein Exemplar habe ich einem Bekannten geschenkt, keinem Spieler, so hinterhältig bin ich nicht, sondern einem eher schlichten Gemüt. Er sprach nie wieder davon.

Vorher aber mußte ich es ausprobieren. Es war ein denkwürdiges Erlebnis und lehrte mich, daß die unbe-

dingt notwendige Unterscheidung zwischen Spiel und Leben leider nicht immer und unter allen Umständen möglich ist. Vor allem dann ist sie unmöglich, wenn es im Spiel ums Leben selbst geht, nicht in eine Geschichte gekleidet, nicht in einem Schau-Spiel, nicht auf allgemeine Eigenschaften wie Mut, Verhandlungsgeschick, taktisches Vermögen beschränkt, sondern in Form einer Kopie, als säßen wir beim Therapeuten und hätten zu erzählen, worum es in unseren heimlichsten Träumen und unsagbarsten Zweifeln geht. Es gibt etliche solcher als Partyunterhaltung daherkommende Psycho-Spiele, in denen wir andere einschätzen oder die Einschätzung anderer uns gegenüber erraten müssen; so was kann unterhaltsam sein, aber es ist gefährlich, denn unweigerlich wird's ernst, wenn man's ernst nimmt, und nähme man es nicht ernst, wäre es beliebig, also sinnlos. Die Distanz geht verloren, und damit die Freiheit. Jederzeit kann ich darauf verweisen, in der Wirklichkeit niemals derart egoistisch und rücksichtslos zu handeln wie soeben im Spiel, nur auf meinen Vorteil bedacht, die Mitmenschen schnöde benutzend – ich kann diesen Unterschied aber nicht mehr glaubhaft ins Feld führen, wenn ich im Spiel gezwungen war, über die Wirklichkeit zu sprechen. »Erraten Sie, was Ihre Partnerin mehr ärgert: 1. die zerquetschte Zahnpastatube; 2. der unaufgeräumte Tisch; 3. das hartgekochte Ei.« Ich rate, sage vielleicht »Ei«, und dann nennt die Partnerin die richtige Antwort, sagt vielleicht »Ei«, und dann bekommen wir beide einen Punkt, weil wir uns so gut kennen. Aber es steht etwas im Raum, das nicht weicht, wenn die Schachtel wieder zu ist: Einverständ-

nis bestenfalls. Oder ein Zweifel. Oder eine Frage: Warum hast du »Tisch« gesagt? Ich dachte immer, die Tube wär's. Warum sagst du nicht, was dich wirklich stört? Was gibt es sonst noch, das du nicht sagst? Und warum ist das alles so? Traust du mir nicht? Das ist möglicherweise interessant und beziehungstechnisch unter Umständen ertragreich, aber kein Spiel. Es ist eine spielerische Form von Partnerschaftsberatung, aber ohne Berater.

Ich habe bis heute nicht vergessen, daß vor Jahren in einer Runde von Freunden bei »Black-Box« kein Mensch mich nannte, als es um die Frage ging, wen man anrufen würde im Falle unbedingt sofort zu besprechender Probleme. Um zu zeigen, daß mir das Spielerische der Situation vollkommen bewußt war, spielte ich nach Leibeskräften eine Mischung aus Gelassenheit und Ärger, und die anderen amüsierten sich köstlich, und der Sinn des Spiels war damit ja eigentlich erfüllt. Nur spielte ich nicht wirklich, sondern ärgerte mich wirklich und dachte und denke und werde immer denken: Warum haben sie mich nicht genannt? Wollten sie mich ärgern? Oder waren sie ehrlich, weil sie meinten, im Spiel habe die Wahrheit den Vorzug, notfalls als Lüge ausgegeben werden zu können? Selbstverständlich war es unmöglich, nachzufragen, denn außerhalb des Spiels sind solche Fragen ja peinlich und verraten die eigene Unsicherheit. Nein, ich mag solche Spiele nicht.

Die erfundene Eier-Frage ist aber ein noch relativ harmloses Beispiel; es geht um Alltagskram, dem tiefere Bedeutung nicht zwangsläufig beigemessen werden muß. »Eine Chance für die Liebe« hingegen spielte sich

nahezu komplett unter der Gürtellinie ab, dort, wo schnell aus dem einen das andere folgt und kleinste Sachverhalte in einem ganz großen Zusammenhang stehen. »Welcher Teilnehmer ist der größte Rebell gegen die Missionarsstellung und lebt konsequent andere Stellungen aus?« Es erinnert an Strip-Poker oder Flaschendrehen, an beliebte Beschäftigungen paarungswilliger Teenager, die sich bei ihren ersten Annäherungsversuchen mit derartigen Hilfsmitteln sicherer fühlen. Im Zweifelsfalle war es nur ein Spiel; im Idealfalle hat die Auserwählte verstanden, daß sie auserwählt ist, ohne daß es offen gesagt werden müßte. Einen erotischen Flirt können solche Spiele später nicht mehr ersetzen, dazu sind sie zu plump, und was sollten leidlich gefestigte Paare damit anfangen? Entweder sind sie unehrlich, oder es kommt zu kleinen Katastrophen. Ich sehe den Ergebniszettel noch vor mir, den die Gefährtin bei »Eine Chance für die Liebe« mit einfachen, doppelten, dreifachen Ausrufezeichen versehen hat; jedes Zeichen stand für die Notwendigkeit vertiefter Diskussion einer bestimmten Frage beziehungsweise Antwort, hieß: Wir sprechen uns später!

Was soll man auch sagen? Was soll ich bei »BlackBox« antworten, wenn zwei Paare am Tisch sitzen und die Frage lautet, wen ich am liebsten als Modell nähme für Nacktfotos? Niemand denkt dabei an hehre Kunst und absichtslose Ästhetik, wir sind ja alle nicht blöd. Wir denken an dies und das. Antworte ich: meine Frau, ist das langweilig, reizlos, ein sicherer Punkt, wenn alle angenommen habe, daß ich das Naheliegende und Gefahrlose antworten würde. Antworte ich aber: diese

50

andere Frau, die da drüben, der ich sowas in der Wirklichkeit nie zu sagen wagen würde – dann ist das gewiß spannend und fürs erste sehr lustig, aber es hat mindestens fünf Fragezeichen zur Folge sowie eine nächtliche Diskussion der eher lästigen Art, in der ich zu beweisen hätte, daß ich dem Spiel nur die einschläfernde Vorhersehbarkeit nehmen wollte. Und selbst wenn mir das wider Erwarten gelänge – nach Jahren noch, da bin ich sicher, wäre die Angelegenheit nicht in Vergessenheit geraten, sondern würde mir in entsprechenden Situationen frisch und bohrend wie am ersten Tag serviert: Du hast ja damals schon…

Ich kenne keine andere Kategorie von Spielen, die so sehr meinem Verständnis von Spiel widerspricht, die unfrei macht statt frei, die nicht Erholung bietet von den Zwängen des üblichen Lebens, sondern diese Zwänge lästigerweise zum Thema hat. Ich kenne jedoch Spiele, die es zwar schwer machen, auf dem Unterschied zu bestehen, aber genau daraus ihren Reiz beziehen; die den Schweinehund in uns wecken, der normalerweise zum Tiefschlaf verurteilt ist, und doch die Möglichkeit bieten, ihn anschließend wieder in seine Hütte zu verbannen und zu sagen: Ich war's nicht, er war's. Eines der schönsten, bösesten, am schwersten zu ertragenden Spiele dieser Art heißt »Intrige«. Sein Name ist Programm. Es geht thematisch nicht um viel, nur darum, die eigenen Figuren in bestimmten Berufen in den Palästen der Mitspieler unterzubringen und im Gegenzug andere bei sich aufnehmen. Das kostet Geld und bringt Geld ein; wieviel jeweils, ist Verhandlungssache, ist Gegenstand von Geschäften auf Gegenseitigkeit, von

Wechseln auf die Zukunft. Schon solche Abmachungen sind nicht jedes Spielers Sache, weil nur gewinnen kann, wer eine Gier, Härte und eiskalte Vernunft aufweist, die im normalen Leben bei eher abstoßenden Krämerseelen zu finden ist; »Intrige« verlangt aber darüber hinaus, ein Krämer zu sein, bei dem wir kein zweites Mal einkauften, ein Mensch, den wir heißen Herzens verachteten. Kein Versprechen gilt. Keine Abmachung ist von Dauer. Jedes Verhandlungsergebnis steht unter dem Vorbehalt, Minuten später schon hinfällig zu sein, wenn der Verhandlungspartner andernorts ein für ihn günstigeres Ergebnis erzielen kann. Nur auf eines ist Verlaß: Jeder ist sich selbst der nächste und einzige, und wer es für einen Moment vergißt, wer bessere Züge ins Spiel bringt, Mitleid, Rücksicht, Treue, hat schon verloren – sofern es nicht verläßlich alle tun, doch wäre damit ohnehin das Thema verfehlt.

Warum ist höchst vergnüglich, was zutiefst gemein ist? Warum füge ich dem Freund, der Freundin im Spiel mit nur manchmal einem Hauch von schlechtem Gewissen zu, was mir in der Wirklichkeit niemals in den Sinn käme und jede Freundschaft rasch beendete? Vermutlich wäre es nicht ratsam, diese Frage einem Psychologen vorzulegen. Möglicherweise sind es doch die besseren Menschen, die Spiele wie »Intrige« nicht mögen, die es nicht fertigbringen, für eine Stunde alles abzulegen, was ihnen im Alltag wichtig ist, die nicht auf eine etwas schizophrene Art unterscheiden mögen oder können zwischen dem Freund im Leben und dem Freund im Spiel, der plötzlich nur noch Gegner sein soll, dem es trickreich eins auszuwischen gilt. Die Frage

ist bloß, ob diese Menschen Spieler sind – was es also heißt, einer zu sein. Auch bei »Intrige« sind auf eine vertrackte Art Regeln einzuhalten, dürfen Entscheidungen keinesfalls nur willkürlich sein, und eine der wichtigsten Regeln lautet: Was nicht zum Spiel gehört, muß draußen bleiben. Wer mir schon immer dies oder jenes heimzahlen oder auch Gutes tun wollte und das Spiel dazu benutzt, spielt nicht, sondern macht Ernst; im Spiel bedeutet es, daß er unberechenbar ist, unzuverlässig in einem ganz anderen als dem üblichen Sinne. Spieler können jede Gemeinheit ertragen, doch keine spielfremden Erwägungen. Ich will nicht erfahren, daß die Gefährtin mich mag und deshalb gerne weniger Geld von mir verlangen würde als von anderen, denn das weiß ich ja hoffentlich schon oder erfahre es vorzugsweise im Alltag; ich will aber wissen, wieviel ich ihr bieten muß, damit sie mir den Zuschlag gibt und nicht einem anderen. Was erfahre ich dabei? Ob ich gewinnen werde oder verlieren. Um mehr geht es nicht. Es ist ein Spiel.

»Intrige« ist in dieser Hinsicht eine harte Prüfung, es ist ein Psycho-Spiel ganz anderer Art, weil es ein Schau-Spiel ist, keine Wiederholung des Lebens, sondern ein Spiel mit dessen Möglichkeiten. Wir setzen uns an den Tisch wie auf eine Bühne, schlüpfen vergnügt in die Rollen von Fieslingen und inszenieren konsequent ein Stück, bei dem wir uns selbst zusehen. Schauspieler pflegen von sich zu sagen, sie könnten nur darstellen, was auch in ihnen steckt; trotzdem hält kein vernünftiger Mensch Klaus Kinski für einen Massenmörder, nur weil er in den Edgar-Wallace-Filmen massenhaft gemor-

det hat. Überdies behaupten Schauspieler, lieber den Bösewicht zu geben als den jugendlichen Liebhaber – weil das Böse faszinierender ist, vielschichtiger, anspruchsvoller zu spielen als das nur Nette. »Intrige« also, und Entwarnung: Wir sind nicht wirklich schlecht. Es macht uns nur die Vorstellung Vergnügen, wie es wäre, so richtig schlecht zu sein, und wenn Mordgeschichten legitim sind, im Kino oder im Buch, warum nicht auf dem Spielplan? Am Ende hat in den einfacheren Geschichten meist das Gute zu siegen, zur allgemeinen Beruhigung. Es genügt aber auch, die Schachtel wieder wegzupacken.

Nicht immer muß es gleich ein Fall wie »Intrige« sein, der die Probleme mancher Mitmenschen aufzeigt, Mitspieler zu sein. Ich stelle mir eine Frau vor, nenne sie H. und lege Wert auf die Feststellung, daß Ähnlichkeiten mit lebenden H.s ebenso zufällig wie beabsichtigt wären; denn jeder Spieler hat eine H. in seinem Bekanntenkreis. H. ist im Leben eine gute Frau, treusorgend, zuverlässig, hilfsbereit, umfassend liebende Tochter, Gattin, vielleicht auch Mutter; nichts Schlechtes, nichts tatsächlich Nachteiliges wüßte ich über sie zu berichten. Die Schwierigkeit besteht nur darin, daß sie als spielende Frau genau dieselbe Frau ist. Sie gehört zur später noch zu erörternden Kategorie jener Menschen, die bereit sind, jedes Spiel zu spielen, aber ebenso bereit wären, jedes Spiel nicht zu spielen. Sie macht mit, weil sie so nett ist, alles mitzumachen. Die zweite Schwierigkeit liegt in der Tatsache, daß ihr Mann ein Spieler im Sinne dieser Ausführungen ist, notfalls ein Bösewicht, stets seinen Interessen im Spiel folgend

und keinen anderen. Das Ergebnis sind Tränen. Unmittelbar einleuchtende Mechanismen wie das Werfen bei »Mensch ärgere Dich nicht« kann H. gerade noch ertragen, denn das weiß auch sie seit Kindertagen, daß es anders nun mal leider nicht geht, wenn das Spiel funktionieren und keine absurde Angelegenheit sein soll. Schon bei Kartenspielen aber wird es heikel. Diesen Stich, warum hat er ihn nicht ihr gelassen – er weiß doch, wie wichtig er gewesen wäre? Weil er gewinnen will, was sonst, uns allen ist das klar, nur ihr nicht, die dahinter eine Lieblosigkeit vermutet, einen persönlichen Angriff. Es hilft nun überhaupt nicht, daß er in all seinem Siegesüberschwang ihre Traurigkeit durchaus bemerkt, sie in den Arm nimmt und sanft darzulegen versucht, daß es sich bei all seinem Tun um die in sich logische Vorgehensweise eines Spielers handelt; bestimmt begreift sie es. Aber sie versteht es nicht. Sie versteht nicht, daß er gegen sie ist, gegen seine Frau, die doch immer für ihn ist, und aus der Traurigkeit befreit sie nicht Einsicht, sondern bestenfalls Wut – sie ist fortan gegen ihn, weil er gegen sie war. Sie zahlt ihm im Spiel heim, was er ihr im Spiel angetan hat, und das Spiel gerät dabei selbstverständlich aus den Fugen, weil das Geschehen nicht mehr rational und berechenbar und aufs Spiel bezogen ist; die anderen schwanken deshalb zwischen Mitleid mit dem Menschen und Ärger über die Spielerin. H. ist zu klug, um solchen Szenen auch noch eine Szene folgen zu lassen. Vermutlich weiß sie selbst, daß sie nicht recht hat mit ihren Ängsten, aber die Verwechslung von Spiel und Wirklichkeit ist keine Sache des Kopfes. H. bleibt stets in der

Wirklichkeit. Sie kann durchaus verlieren, das ist es nicht. Aber sie kann es nicht ertragen, wenn er dazu beiträgt. Bündnisse im Spiel haben den wahren Verhältnissen zu folgen und wahren Gefühlen zu entsprechen. Jede Zuwiderhandlung ist verdächtig. Warum tust du dich mit ihm zusammen und nicht mit mir? Was habe ich dir getan? Magst mich nicht mehr? Frau, ich will gewinnen, und mit dir kann ich das nicht, weil du nicht genug Karten in den Farben des Trumpfes hast, weil deine Lage so ungünstig ist, daß ich meine damit verschlechtern würde. Nichts ist einfacher als das, und nichts ist schwieriger zu akzeptieren, wenn für jemanden der Unterschied zwischen dem Herz As im Spiel und jenem im Leben nicht selbstverständlich ist. Mit solchen Menschen läßt sich's gewiß gut leben, aber leider nicht spielen. Spielen ist der vorübergehende Abschied von der Wirklichkeit, ist Verrücktsein auf Zeit. Spieler spinnen. Spinnern geht's gut. Sie sind frei.

Schummler und andere Nichtspieler

Ich erinnere mich nicht mehr, wie er hieß, wie er aussah, aber ich weiß noch, daß er betrogen hat. Mit meinem Kinder-, Jugend- und Erwachsenenfreund E. war ich unterwegs auf einem unserer damals recht häufigen Wochenendausflüge irgendwohin, meist in Großstädte, die weit genug weg waren von der oberfränkischen Provinz, um uns exotisch und aufregend zu erscheinen und das gute Gefühl zu geben, auf der Welt zu sein, wo sie wirklich Welt ist und nicht Heimat, Eltern, Schule, Zivildienst; das Gefühl also, erwachsen zu sein. Hamburg zum Beispiel. Vermutlich war es, der Exotik und des Erwachsenseins wegen, in der Nähe der Reeperbahn, wo wir nachts in einer Kneipe saßen und spielten – nichts, was mit Hamburg oder gar der Reeperbahn zu tun gehabt hätte, sondern »Risiko«, das wir auch zu Hause hätten spielen können, aber eben nicht mit dem wohltuenden Wissen, in Hamburg zu sein, fern von allem Üblichen. Wir tranken Whiskey. Am Tisch bei uns saß er, an dessen Aussehen und Namen ich mich nicht mehr erinnere, und spielte mit, weil man für »Risiko«, wenn es funktionieren soll, mindestens drei Personen braucht. Ziel des Spiels ist nicht weniger als die Eroberung vieler Länder oder gar der ganzen Welt; in den späten siebziger Jahren hieß diese Eroberung in einem gesellschaftsbedingten Anfall von Pazifismus

seitens des Verlags für einige Zeit »Befreiung«, worüber auch sehr friedliche Spieler herzlich lachen mußten. Die Eroberung findet statt mit Hilfe von Armeen, die dem Spiel in äußerst abstrakter Form als kleine Plastikflügel beiliegen – gut ist es, bei Kämpfen, die mit Würfeln ausgetragen werden, möglichst viele dieser Flügel zur Verfügung zu haben. Der Fremde an unserem Tisch also nahm sich zur Verstärkung seiner Kampfkraft stets klammheimlich mehr Armeen aus dem Vorrat, als ihm nach der Zahl bereits eroberter Länder eigentlich zugestanden hätten. Erst wunderten wir uns, dann zählten wir mit, worauf wir es vorzogen, das Spiel zu beenden.

Warum weiß ich das noch, obwohl ich sonst von dieser Nacht in Hamburg nichts mehr weiß? Weil mir ein Spielertyp untergekommen ist, nehme ich an, der erfreulicherweise selten zu sein scheint; weil mein Staunen so groß war darüber, daß da einer, als wäre es selbstverständlich, unredliche Mittel einsetzt und die Enttarnung ohne eine Spur von schlechtem Gewissen leicht bedauernd hinnimmt wie einen ungünstigen Würfelwurf. Betrug im Leben ist gang und gäbe, kleine Schummeleien und harmlose Lügen sind vermutlich sogar unverzichtbar, weil im real existierenden Dasein nicht weit kommt, wer immer ehrlich und stets vollkommen korrekt ist, zumindest nicht in jenem Bereich, der die Überschrift »Arbeit« oder »Geschäft« trägt. Selbst unter Ganoven jedoch gibt es das Gesetz, zwischen Dienst und Feierabend zu unterscheiden – ich belüge meinen Chef, aber nicht meinen Freund. Belüge ich meinen Mitspieler, auch wenn er nicht mein Freund

ist? Das tue ich nicht. Spiel ist nicht Wirklichkeit, ich muß nicht betrügen, weil ich nichts zu verlieren habe, Spiel folgt eigenen Gesetzen, das sind die Regeln, und wer sie mißachtet, bringt Wirklichkeit ins Spiel, übertritt die Grenze und beweist, daß ihm das Spiel nur ein Potenzmittel ist. Auf der Autobahn fährt er vermutlich permanent links, mit Lichthupe. Das ist der Typ des Schummlers, der nur sich sieht und sonst nichts.

Schummler sind keine Spieler, weshalb Spieler eher selten schummeln; sie nehmen das Spiel ernst. Das ist schön, einerseits. Unter Spielern muß kein Spieler böse Blicke fürchten, wenn er eine Regelpassage wieder und wieder liest und zur Diskussion stellt, bis die Bedeutung auch wirklich jedes Wortes auch wirklich jedem auf wirklich dieselbe Weise klar ist (eine Regel allerdings, die solche Interpretationsleistungen verlangt, ist natürlich außerordentlich dürftig). Unter Spielern steht das Spiel fraglos im Mittelpunkt und verdient jede Aufmerksamkeit. Das tut gut. Es ist wie im Bordell, wo sich niemand seiner begehrlichen Blicke zur Bühne schämen muß, weil ja alle gierig glotzen. Unter vernünftigen Menschen hingegen fühlt sich unsereiner manchmal etwas minderbemittelt, wenn er die existentielle Betrachtung über die Notwendigkeit einer Autobahnumgehung im Münchner Westen, unter Berücksichtigung eventuell schützenswerter Biotope, zwar durchaus wichtig und theoretisch recht spannend findet, dabei aber mit mindestens einem Auge die Schachtel im Regal mustert, diese vielversprechende Spieleschachtel; oder wenn er lieber die Frage erörterte, ob die

Kamele in »Durch die Wüste« tatsächlich so bonbonbunt hätten sein müssen. Und das neue Format der TM-Spiele, diese einem Buch nachempfundene Schachtelgestaltung, ist das eine schlaue Idee oder doch kleingeistige Verleugnung des Spielecharakters, wie ein Foto, das sich als Gemälde ausgibt? Schon recht, der Verkehr auf der Pippinger Straße ist übel, die Autobahn muß her. Aber die Frösche müssen bleiben. Und die Kamele? Wie gesagt, es tut gut, sich reinen Gewissens unter Gleichgesinnten kindlich groß auf den »Siedler«-Karton freuen zu können, in welchen alle Abkömmlinge der »Siedler«-Familie passen sollen. Einerseits.

Andererseits gibt es auch unter Spielern die Biotopschützer, die Autobahnbauer, die Fanatiker des rechten Wegs. Man trifft sie unter anderem dort, wo Spieler vor nichts zurückschrecken, auch nicht vor dem massenhaften Auftreten ihrer Artgenossen, beispielsweise bei den Spiele-Tagen in Essen. Der Stolz der Veranstalter, die stetig wachsende Besucherzahl, ist ein Greuel für jene Besucher, denen es bei aller Spielfreude dann doch nicht egal ist, wo, mit wem, unter welchen Umständen sie spielen. Immer wieder bin ich in Essen, doch noch nie habe ich dort gespielt, außer kurz zum Zwecke der Erläuterung einer Neuheit. Ich mag nicht an einem kleinen Tisch sitzen, der umgeben ist von anderen kleinen Tischen und umstanden von Neugierigen, die zwar nicht mich beobachten, aber jeden meiner Züge, um dabei zu analysieren, ob dieser Zug erstens klug war und zweitens unter Umständen vergleichbar mit jenem anderen Zug, den sie selbst bei einem anderen, aber

im Schlagmechanismus vielleicht verwandten Spiel schließlich doch unterlassen haben. Und ich mag auch nicht mit Menschen spielen, deren Namen ich weder kenne noch erfahren möchte, weil ich ihr Wesen für widerlich halte, die nur an meinem kleinen Tisch sitzen, weil am kleinen Nebentisch kein Platz mehr frei war. Es verblüfft und irritiert mich stets aufs neue, daß so viele dies suchen, das Spielen um jeden Preis, auch den der Anwesenheit von Menschen, die sie als Menschen nicht wahrnehmen, sondern nur als Mitspieler. Dabei fühle ich mich freilich wie ein Freund der Malerei, der skeptisch das Vernissagen-Publikum mustert und doch weiß, daß es ohne zahlungskräftige Schöner-Wohner den Künstlern sehr viel schlechter ginge; oder wie ein Schriftsteller, der beim Literaturkränzchen der Schwabinger Bankiersgattinnen lesen und in den Damen zähneknirschend die Käuferinnen seiner Bücher erkennen muß.

Leider passiert es aber auch, daß die Fanatiker des Spielens nicht an einem Messetisch sitzen, sondern am heimischen Spieltisch. Ich erinnere mich an den ehemaligen Kollegen H., einen normalerweise sehr ruhigen, verträglichen, nachdenklichen Menschen, den wir, weil er sich erfreulicherweise als Spieler zu erkennen gegeben hatte, zum Spieleabend einluden. Da saß er nun, und wir wollten »Risiko« spielen – zum Auftakt, wie wir meinten, die Gefährtin, deren Freundin D. und ich, ein seinerzeit in langen Nächten erprobtes Team. Es war aber schon vor dem Spiel nicht wie üblich, nicht so, daß wir uns kurz der Kenntnis der Regeln versicherten und anfingen; wir kannten zwar alle die Regeln, aber nicht

alle dieselben. »Ja«, sagte H., »›Risiko‹ spiele ich schon lange und immer wieder gerne, wir spielen es aber bei uns etwas anders...« Es gibt Hausordnungen, Hauskonzerte, Hausgeburten und Hausschlachtungen, und gegen all dies ist nicht das geringste einzuwenden – Hausregeln jedoch sind ein Übel, weil sie die Funktion von Regeln aufheben und die gemeinsame Basis aller Spieler an jedem Ort zerstören. Gewiß sind Regeln keine unantastbare Verfassung mit der ewigen Gültigkeit von Menschenrechten, und wenn ich nach dem zehnten »Siedler«-Kartenspiel mit der Gefährtin auf die Idee komme, wir könnten ja nicht nur über Rohstoffe verhandeln, sondern auch über Ausbaukarten, dann tun wir das eben künftig – wir. Ich werde aber den Teufel tun, einen anderen Mitspieler mit unserer Privatregel so lange zu belästigen, bis er entweder ihre Unverzichtbarkeit bewundernd anerkennt oder bis mich seine Sturheit derart aufreibt, daß ich schlechtgelaunt nach den üblichen Regeln spiele, nicht ohne am Ende darauf hinzuweisen, daß es auf meine Art ganz anders und viel besser gelaufen wäre.

Bedauerlicherweise habe ich vergessen, wie die spezielle »Risiko«-Hausregel des Kollegen H. lautete, und auch, wie lange wir diskutierten und mit welchem Ergebnis. Ich weiß aber noch, daß ihn unser Wunsch nach einem Wechsel des Spiels später sehr verwunderte, weil er es von Haus aus gewohnt war, eine ganze Nacht lang »Risiko« zu spielen und sonst nichts – denn nur so war es ihm möglich, in der zweiten Partie einen falschen Zug aus der ersten zu korrigieren und sich in der vierten eine Unachtsamkeit aus der dritten nicht noch einmal

durchgehen zu lassen. Des weiteren weiß ich noch, daß es zu einem zweiten Spieleabend mit H. nicht kam.

Seitdem achte ich sehr auf gewisse Anzeichen, die den außerordentlich ernsthaften Spieler erkennen lassen. Er erzählt mir zum Beispiel stolz, daß seine Gruppe zu einem an sich recht simplen Spiel eine fünfzehnseitige Broschüre mit Sonderregeln verfaßt habe, die dem Ganzen erst die rechte Würze verliehen; nur Amateure, sagt er, verwendeten die Grundregeln. Außerdem ist er nicht oder nur mit unübersehbarer Verachtung bereit, sich mit einem Spiel zu befassen, bei dem schon nach zwei Stunden ein Ende zumindest abzusehen ist; das Würfel enthält oder anderweitig Elemente, die dem Zufall Tür und Tor öffnen; das, zusammengefaßt, nicht nach einem Stück unter erheblicher Anstrengung zu bewältigender Arbeit aussieht, sondern nach bloßer Unterhaltung. Ich habe nichts gegen solche Spieler und ihre Spiele, es ist ihre Angelegenheit, wenn sie vom Leistungsprinzip nicht lassen mögen und im Spiel die Fortsetzung des Lebensernstes mit anderen Mitteln sehen. Ich fühle mich aber leicht unwohl, wenn ich zum Beispiel »Pony Express« zu verstehen versuche, ein Spiel, das ziemlich lange dauert und recht komplex ist, so komplex immerhin, daß sich eine erfolgversprechende Strategie bei den ersten Partien noch lange nicht abzeichnet – und anschließend hören muß, es sei alles in allem zweifellos ganz nett gewesen, das schon, aber ein richtiges Spiel? Das doch weniger.

Am anderen Ende der Skala sitzen meine Eltern. Das Schicksal hat ihnen einen Sohn zugefügt, der im

Kofferraum seines Autos, wenn er sie besuchen kommt, nicht Anzüge transportiert mit passenden Krawatten und Schuhen, sondern Spiele. Körbeweise Spiele. Sowieso reist er häufig mit solchen Körben. Eher selten dagegen sind Fahrten, bei denen das Gepäck nicht vorwiegend aus Spielen besteht – weil das eben die vorzugsweise besuchten Freunde oder Bekannten sind, die dem einschlägigen Inhalt des Kofferraums schon freudig entgegensehen. Bei meinen Eltern liegt die Sache etwas anders. Sie haben den wunderbaren Fehler gemacht, mir auch jenseits der Kindheit niemals das Spielen als Kinderei ausreden zu wollen, sondern klaglos mitzumachen, selbst zu jener Zeit, als ich mein Taschengeld größtenteils in Schachteln umsetzte. Zur Strafe haben auch sie jetzt darunter zu leiden, daß die vielen Spiele, die mich nichts mehr kosten, bei jeder sich bietenden Gelegenheit und mit allen sich nicht allzusehr sträubenden Menschen ausprobiert werden müssen.

Allerdings geht es bei meinen Eltern nicht ohne eine strenge Vorzensur, damit ich ihre wichtigste Frage guten Gewissens mit »nein« beantworten kann: Muß man denken? Nicht, daß sie zum Denken grundsätzlich nicht bereit oder befähigt wären – sie zählen aber zu jenem Typ Spieler, der spielt, wie er fernsieht oder eine bestimmte Art von Romanen liest: Unterhalten soll's schon, anstrengen darf's nicht. Selbstverständlich sind die Verlage darauf bestens eingestellt, denn von den Gelegenheits- und Spaßspielern leben sie ja vorwiegend; regelmäßig vor Weihnachten muß sich dieser Menschenschlag in den Kaufhäusern von Verkäufern beraten lassen, die selbst bestenfalls »Halma« zu nennen wüßten, wenn man sie nach einem ihnen aus eigener Erfahrung bekannten Spiel fragte. Manche Verlage existieren sogar ausschließlich von den vielen Varianten eines einzigen Partyspiels oder von der »Monopoly«-Mondkrater-Edition oder vom Ergänzungspack »Gartensträucher und Bachblüten« zu »Trivial Pursuit«. Sie haben auch keinen weiterreichenden Ehrgeiz, weil die Kasse ja stimmt. Unsereiner straft solche Einfallslosigkeit mit Nichtkritik, sorgt sich hochnäsig um die spielerische Hochkultur – und weiß, daß Nachbars »Tabu« spielen, nicht »Die Macher«, und ist sehr froh, daß Nachbars überhaupt spielen. Was spiele ich aber mit meinen Eltern, die beim Spielen nicht denken wollen, während ich zwar nicht unbedingt immer denken, gewisse Windkanalprodukte aus anonymen Marketingabteilungen aber nicht anfassen will?

Es ist immer wieder eine Gratwanderung zwischen Qualität und Alltagstauglichkeit, und es ist gut so. Wir Spieler wollen ja, daß wir viele sind und mehr noch werden, wenn auch nicht unbedingt alle an einem Ort, weil uns eine Welt bewohnbarer erscheint, in der auch gespielt wird, nicht nur die Bilanz gelesen; in der Unernst und Selbstzweck einen festen Platz haben und möglichst viel Raum einnehmen. Mit Hardcore dürfen wir da nicht gleich kommen. Unserer Sache ist es wenig zuträglich, wenn ein Spieleabend abläuft wie jener, an dem ich die Gefährtin in die Geheimnisse von »Hannibal« einweihen wollte, eines Zweierspiels, das den zweiten Punischen Krieg zwischen Römern und Karthagern aufs komplexeste simuliert. Begierig wie immer, las ich an

einem sehr heißen Sommertag die Anleitung; wenn du nach Hause kommst, hatte ich gesagt, setzen wir uns auf den Balkon, ich erkläre dir schnell, wie's geht, und dann spielen wir und machen Brotzeit nebenbei, das wird ein wunderbarer Abend. Also geschah es. Die Lektüre der in neunzehn Kapitel mit Unterkapiteln gegliederten Regel dauerte zwei Stunden, in denen mir vor allem die Aussicht erhebliches Unwohlsein bereitete, anschließend erläutern zu müssen, was ich selbst nur oberflächlich begriff. Ich wußte, ich würde es sozusagen live noch einmal lesen müssen, mit einer Frau am Tisch gegenüber, die beim Zuhören die Zusammenhänge noch weniger verstehen würde als ich beim Lesen. Also geschah es. Nein, sie schlief nicht ein, sie ist einiges gewohnt, aber mir widersetzten sich die Sätze unter den Augen, weil jeder weitere das ohnehin schon angerichtete Chaos noch vergrößerte – es hat keinen Wert, sagte ich endlich, wir fangen einfach an und sehen dann von Fall zu Fall nach. Eine Stunde später hatten wir die dritte von sieben Phasen in der ersten von neun Runden erreicht. Eine weitere Stunde später waren wir in Runde zwei. Es war ein wunderbarer Abend, und ich bin sicher, »Hannibal« ist ein tolles Spiel, wenn man erst weiß, wie's geht.

Wer eine solche Tortur weitgehend klaglos übersteht und gegebenenfalls bereit ist, am nächsten Tag abermals zu spielen, etwas Leichteres vielleicht, ist ein Spieler, wie wir Spieler ihn uns wünschen. Leidenswillig, aber nur der Sache wegen, nicht von Natur aus und unter allen Umständen. Ich habe ja schon den Opfertyp erwähnt, der vorwiegend in weiblicher Form auftritt,

weil manche Frauen nach wie vor der Meinung sind, die Anpassung an die Interessen ihrer Mitmänner von Mann bis Freund bis Kind zähle zu ihren spezifischen Aufgaben. Also spielen sie, ohne es zu wollen, ohne ein anderes Ergebnis zu erwarten als die Zufriedenheit ihrer Mitspieler; also wollen sie nicht selbst gewinnen, das ist die logische Folge und außerdem das Schlimmste. Behaupte niemand, es sei praktisch und von Vorteil für Spieler, einen Konkurrenten am Brett zu haben, der seine Figuren so leidenschaftlich zieht wie bei anderen Gelegenheiten die Wäsche aus der Maschine, der den passenden Wurf so überschwenglich begrüßt wie den Versicherungsvertreter an der Haustür, der sich über eine fehlgeschlagene Taktik so tief grämt wie ein Vegetarier über den Ausbruch des Rinderwahnsinns. Wozu spielen, wozu hoffen, wozu ärgern, wenn unsere Gefühle nicht als starkes Echo zurückschallen, sondern widerstandslos ausrollen, eine Welle, die versickert? Fehlt nur noch, daß mir jemand meinen Sieg von Herzen gönnt oder sich für meine Niederlage ehrlich entschuldigt. Im Leben kommt das selten vor, obwohl es recht angenehm und ein Beweis von Freundschaft oder wenigstens Niveau wäre. Wenn es im Spiel vorkommt, ist es ein Beweis von fehlendem Engagement, der nebenbei und ärgerlicherweise meines in ein fragwürdiges Licht taucht. Als wäre ich ein Gierhals, ein Egoist, sozial unbrauchbar. Bin ich ja auch. Im Spiel.

Ein Kapitel über Spielertypen wäre natürlich nicht komplett ohne den Typus des Nichtspielers; eine Be-

trachtung der Intelligenz kommt ja auch nicht aus ohne Erwähnung der Dummheit. Weiter noch, der Nicht- spieler wäre sogar noch zu unterteilen in weitere Typen, den Noch-Nicht-Spieler zum Beispiel oder den Nicht- Mehr-Spieler, in den Nichtspieler aus Unkenntnis und jenen aus Zeitnot. Mir geht es hier aber um den chro- nischen Nichtspieler, den Überzeugungstäter, das ge- borene oder erzogene Gegenstück zu all dem, was den Spieler ausmacht.

Nach dem bisher Dargelegten müßte er jemand sein, dem unsereiner möglichst weit aus dem Weg geht, kurz: ein zutiefst unsympathischer Mensch, ein Wichtig- mensch und Ernstvogel, noch kürzer: ein Erwachsener. So ist er auch, meist. Er steht kopfschüttelnd am Rande der Szene, wenn die Kindsköpfe ihren Kindereien nach- gehen, wenn wir über die Trennwände im Großraumbüro hinweg mit Wasserpistolen auf Kolleginnen schießen, wunderbare Dummheiten machen, so, als käme gleich die Mutter aus dem Haus und riefe: Kinder, es gibt Essen! Und schön brav die Hände waschen! Der Nichtspieler indes hat seine Hände längst gewaschen und versteht ohnehin nicht, wo die Produktivität bei der Verwendung von Wasserpistolen liegt. Mitunter sind Nichtspieler selbst Elternteile und damit in der Pflicht, Dummheiten abzustellen statt anzustellen. Vielleicht endet traurigerweise die Kindheit, wenn Kinder kom- men – was natürlich ein sehr starkes Argument gegen das Kinderkriegen wäre.

Um aber gerecht zu sein: Es gibt schon Menschen, die nicht spielen und dennoch für recht nette, wenn- gleich mindere Beschäftigungen zu gebrauchen sind.

Mit S. zum Beispiel kann ich reden, trinken, auch verreisen, und zur Rettung seiner Ehre muß ich zugeben, daß er einer derer war, die in Ägypten mit mir »Daumen drauf« spielten. Es hatte aber einiger Überredungskunst und des nachdrücklichen Hinweises auf den letzten Endes dienstlichen Charakter des Vorgangs bedurft, um ihn soweit zu bringen; und obwohl er dann mit großem Ernst bei der Sache war und es an vorbildlichem Mitdenken nicht fehlen ließ, habe ich von einem Wunsch nach Wiederholung bis heute nichts gehört. Im Gegenteil. Wann immer ich den Vorschlag zu äußern wage, man könnte ja vielleicht mal wieder so ein ganz kleines bißchen, es gebe da ein Spiel, das ihm unter Umständen sogar gefallen... Wann immer ich ihm so komme, ist in seinem Gesicht umgehend der Ausdruck eines Mannes, dem das Kind eine neue Puppe zur Besichtigung vorzuführen droht. S., fürchte ich, ist ein hoffnungsloser Fall. Sinnloses macht er wissentlich nie, nach dem Nutzen fragt er gerne, obwohl er kein Bilanzanbeter ist. Für Kindereien ist er nicht zu haben. Und leider betrachtet er Spiele als Kindereien, nur Schach typischerweise nicht, obwohl ich ihm etliche nennen könnte, die schwieriger zu bewältigen sind als jede Aufgabe im Beruf. Fürs Arbeiten aber bekommt er Geld. Was bekommt er fürs Spielen?

Diese Frage zu stellen, heißt schon, kein Spieler zu sein. Wer Wein liebt, verspricht sich davon nicht mehr als eine Flasche lang Genuß. Wer gerne ißt, will einige Teller lang den Geschmack spüren. Jede Art und Abart des Spielers kann ich wenigstens ansatzweise verstehen.

Der Nichtspieler hat eine schlimme Kindheit hinter sich, fürchte ich. Und ein schmuckloses Dasein als Erwachsener hat er vor sich.

Schach, matt

Der Deutsche Schachbund verfügt über eine Wertungskommission, auf deren Internetseiten Informationen über die Deutschen Wertungszahlen, DWZ genannt, sowie die Ratingzahlen der FIDE zu finden sind. Das deutsche Wertungssystem ist dem der FIDE verwandt, allerdings wurden die Erfahrungen aus dem Ingo-System des Deutschen Schachbunds und aus dem Nationalen Wertezahlensystem eingearbeitet. Der typische Anfänger hat eine DWZ von ungefähr 500, wohingegen es der Großmeister auf mehr als 2700 bringt. Die Berechnung erfolgt dezentral.

Zugegeben, es ist ansatzweise polemisch, zur bewußten Verwirrung des Lesers aus Informationen zu zitieren, die für Laien zwangsläufig unverständlich sein müssen, für Eingeweihte aber gewiß ein Quell der reinsten Erkenntnis sind. Es gibt auch Seiten der »Siedler von Catan« im Internet, auf denen viel von »Szenarien« und sonstigen Spezialbegriffen die Rede ist, und wer die »Siedler« nicht kennt, sitzt möglicherweise davor wie der »Halma«-Spieler vor der Schachsprache, verwundert, konsterniert. Den Vorwurf der Einseitigkeit nehme ich in Kauf, den der Ignoranz ebenfalls, sei's drum, ich möchte ja nur wissen: Was hat Schach mit Spiel zu tun?

Schach gilt als Sport, obwohl Schach*spieler* heißt, wer Schach ausübt; doch wer keuchend einem Fußball folgt, nennt sich ja auch Spieler. Wenn aber Sport üblicherweise eine Form von körperlicher Ertüchtigung ist, kann

Schach Sport auch nicht sein, weil stundenlanges Sitzen und Starren als Bewegung gewiß nicht gelten können. Schach ist die Krönung des Spiels, sagt man – vielleicht so, wie die Klassik die Königin der Musik ist, was den Sachverhalt und den Zusammenhang auch ganz gut trifft: Wenn ich ein klassisches Konzert besuche, sollte ich gemäß gesellschaftlicher Übereinkunft eine klassische Hose tragen, muß für längere Zeit möglichst bewegungslos verharren und darf bei Strafe böser Blicke weder genüßlich in der Tüte mit Weingummis nach den roten graben noch ein Bier bestellen bei einem Kellner, den es ohnehin nicht gibt. So ist Schach, in seiner professionellen Form, und jede Form von Schach erinnert unangenehm an die professionelle. Ich bevorzuge Bruce Springsteen.

Selbstverständlich weiß ich, wie Schach funktioniert. Es gibt die schlichten, fußlahmen, aber recht zahlreich auftretenden Bauern, die beiden soliden, Sicherheit vortäuschenden, berechenbar geradeaus marschierenden Türme draußen in den Ecken, daneben die hinterlistigen Springer, diese Pferdchen, die grundsätzlich dort auftauchen, wo man sie so schnell nicht vermutet hätte. Die Läufer gibt es, ausdauernd, querfeldein rennend. Und die Dame! Wie im richtigen Leben steht sie zwar in der Hierarchie nur an zweiter Stelle hinter dem stolzen, alles entscheidenden, aber eigentlich faulen und nichtsnutzigen König, der sich nur selten und meist erst in höchster Not bequemt, ein Schrittchen zur Seite zu tun und dabei vielleicht einen kleinen Kampf zu wagen, wenn es gar nicht anders geht. Hingegen die Dame, macht, was sie will, keine Grenzen sind ihr gesetzt, selbstbewußt, siegessicher und rücksichtslos zieht sie ihre Bahnen und weiß, daß der König ohne sie nur eine Statue wäre, auf die jede Taube ihren Dreck fallen lassen kann. Die Dame habe ich schon immer am liebsten gemocht, lieber als den König, dieses Relikt aus feudalen Zeiten, das nur die Regel als schützenswertes Gut ausgibt.

So geht Schach, theoretisch, und es mag wie ein Spiel klingen, als kämpften benennbare, aus der Phantasie geborene Figuren um die Vorherrschaft in einem schwarz-weißen Land, das vielleicht Quadratanien heißen könnte. Natürlich hat ein Spiel Regeln, welche die Zugmöglichkeiten der Figuren vorschreiben, und natürlich gibt es Spiele, die weniger vom Reden oder Handeln leben, sondern vorwiegend bis ausschließlich vom Denken. Stille liegt über Tischen, an denen geistig Anspruchsvolles stattfindet, kein Gelächter oder Gefeixe brandet auf, keine Schreie sind zu hören, aus Freude, wenn der Wurf paßt, aus Wut im anderen Fall.

Mitunter ist so was auch schön, es ist eine erfreuliche Herausforderung, beispielsweise eine Partie »Gipf« zu spielen oder »Dame« oder einen jener vielen Titel, die zwar vorgeben, eine Geschichte zu erzählen, aber in Wahrheit nur abstrakt sind, logisch, mathematisch, bloß zur Animation in ein buntes Gewand gekleidet. Es ist nicht besonders erholsam, weil es dem Leben sehr nahe ist, aber es treibt einiges auf die Spitze: Kann ich tatsächlich klar denken, bin ich in der Lage, die Gedanken meines Gegners vorwegzudenken, mit meinen auf die seinen zu reagieren, gelingt es mir, weiter zu

denken als er, so weit möglichst, daß er in der Falle sitzt? Sofern ich das schaffe, fühle ich mich recht wohl anschließend, durchaus kompetent, wenn auch nicht auf Dauer und grundsätzlich überlegen, denn es gibt ja die Tagesform und selbst bei größten Geistern kleine Fehler mit leider weitreichenden Folgen. Es ist aber auf jeden Fall ein erhebendes Gefühl, eine rein geistige Auseinandersetzung gewonnen zu haben. Andernfalls, nun ja. Einmal, zweimal, dreimal hilft noch die Hoffnung, einen Fehler künftig nicht mehr zu machen; sollte ich mir aber keines Fehlers bewußt sein, wird es schwieriger. Und nach dem vierten Mal muß ich mir ohnehin eingestehen, daß mein Geist natürliche Grenzen hat. Bis zu diesem Punkt sind solche Spiele noch Spiele, obwohl der Umgang mit ihnen einer Arbeit schon nahekommt. Da es aber ums Brett geht und sonst nichts, da ich anschließend von ihm aufstehen und bald alles vergessen kann – einverstanden.

Die Ratingzahlen und das Ingo-System weisen weit darüber hinaus ins Leben. Sind jemals Leitartikel verfaßt worden angesichts einer Partie »Entdecker«, obwohl es doch einiges zu räsonieren gäbe beispielsweise über die Frage, ob es klüger ist, sich beim Entdecken auf viele kleine Inseln zu konzentrieren statt auf wenige große? Wer hat je eine Runde »Löwenherz« live im Internet übertragen? Nichts dergleichen ist geschehen; als aber Garry Kasparow gegen einen Computer namens »Deep Blue« antrat und verlor, war dieser Vorgang weltweit Thema der Tage. Der Kampf zwischen Mensch und Maschine ist zweifellos faszinierend, sein Ausgang möglicherweise vielsagend im Hinblick auf die Entwicklung einer Technologie, die eines Tages ihre Schöpfer an Intelligenz übertreffen könnte – eine furchterregend ernste Angelegenheit ist er, gewiß, also genau das Richtige für die furchterregend klugen Verfasser von Leitartikeln; aber ist er auch und noch ein Spiel? Vielleicht kann das Spiel Schach überhaupt nichts dafür, daß es herhalten muß für gänzlich unspielerische Zwecke – aber es bietet sich eben an wie kein zweites. Diese eine Partie gegen »Deep Blue« ist die logische Konsequenz, die Steigerung und Erfüllung der vielen Partien im Schachclub von Hamburg-Altona, in denen unten schon angelegt ist, was oben endlich sichtbar wird: Schach ist Wissenschaft, eine furchterregend ernste Angelegenheit.

Kein Mensch, heißt es, lerne Schach wie ein anderes Spiel, indem er das Material kauft und die Anleitung liest und anfängt; die Kenntnis der Schachregeln werde ererbt von den Vätern, den Vätern, nicht den Müttern – wie viele Frauen sind eigentlich in Schachvereinen? Auch ich habe es von meinem Vater gelernt, und mein Vater hat es von seinem Vater gelernt. Es war das erste Spiel, das ich allein mit ihm spielte, nicht in jener üblichen Familienrunde, die bei mäßiger Begeisterung der Eltern dazu dient, die Kinder bei Laune zu halten. Mein Vater, ich, ein Schachbrett – das war eine Form von Erwachsensein, bedeutete, ernstgenommen zu werden und tauglich zu sein für die wirklich wichtigen Angelegenheiten. (Kann schon sein, daß solche bescheidenen Freuden heute nicht mehr gängig sind – es ist aber eben schon ein paar Jahre her und spielte in einer Zeit, in der ein Fernseher im Kinderzimmer plus Computer

mit Internetanschluß so fern von allem Vorstellbaren war wie die Erlaubnis, ins Bett zu gehen, wann immer es dem Sproß beliebt.) Sollte ich je gewonnen haben, woran ich mich nicht mehr erinnern kann, wäre das die Krönung gewesen, ein entscheidender Schritt ins Leben.

Später hat sich meine Neigung zum Schach verflüchtigt. Ich habe es aus den Augen verloren wie eine Kinderliebe, neue Lieben sind gekommen, aufregendere in bunteren Schachteln, die nicht so kühl und puritanisch waren wie die zweiunddreißig Figuren in ihrer Holzkiste, die zusammen mit dem langweilig gewürfelten Brett im schmalen Spalt zwischen Wand und Wohnzimmerschrank allmählich verstaubte. Als tatsächlich Erwachsener habe ich nie mehr mit meinem Vater Schach gespielt, sondern ihm meine eigenen Eroberungen vorgeführt: »Executive Decision«, das Spiel um Einkauf von Waren und Produktion sowie Verkauf von Gütern, »Stocks & Bonds«, das Spiel um Aktien. Damals fragten die Eltern noch nicht, ob man denken müsse, sondern nahmen die Zumutungen mit einer Opferbereitschaft hin, die ich als solche selbstverständlich nicht erkannte, sondern voraussetzte.

Schach ist das kleine karierte Muster in der Tageszeitung mit Zahlen- und Buchstabenkolonnen daneben, unverständlich wie eine Strickanleitung. Schach ist ein Bericht über Eröffnungen mit fremdartigen Namen. Schach ist manchmal eine Szene im Fernsehen, ein Stilleben, zwei Menschen zeigend, die mit zwei uhrenartigen Gegenständen an einem Tisch vor einem Brett sitzen und langsam, nach unerträglich zähen Wartezeiten, eine Hand rühren, um ohne die Spur einer emotionalen Rührung eine Figur von einem Ort zum anderen zu ziehen. Darauf wieder Stille. Unerträglich zähe Wartezeit. Handbewegung. Die Uhr tickt, doch ich weiß nicht, warum und wie lange. Ein Kommentator kommentiert, als stünde Weltbewegendes bevor, obwohl sich doch nur ein Bäuerchen von D4 nach D5 bewegt. Die Reaktionen mancher Menschen deuten aber darauf hin, daß diese Bauernversetzung ausschlaggebend zu sein scheint für einen Zug der Dame, welcher ungefähr eine Stunde später möglicherweise stattfinden wird – das glaube ich gerne, weil ich ja weiß, daß beim Schach alles mit allem zusammenhängt, aber ich sehe es nicht. Ich sähe es gegebenenfalls auch nicht, wenn die Situation auf dem Brett mit jener vergleichbar wäre, die seinerzeit Bobby Fischer erst zur Weltmeisterschaft und dann in die Wunderlichkeit getrieben hat. Nur die Wunderlichkeit leuchtet mir ein, weil ich mir ein Dasein als berufsmäßiger Schachspieler ähnlich hirnerweichend vorstelle wie eine Karriere als Boxer. Ständige Schläge auf den Schädel schädigen das Denkvermögen, das ist unstrittig – wie verhält es sich also mit einem Leben, das geistig ausschließlich dem Kampf gegen den konkurrierenden König gewidmet ist?

Vielleicht handelt es sich ja tatsächlich um eine phänomenale Leistung, vergleichbar mit der leicht schrullig ablaufenden Erforschung eines abseitigen naturwissenschaftlichen Phänomens, an deren Ende eine Formel steht und möglicherweise sogar der Nobelpreis. Nur in Ausnahmefällen aber, glaube ich, kann man mit solchen Menschen in aller Ruhe ein Bier trinken und ausführ-

lich bereden, welche Soße am besten zum Steak vom Galloway-Rind paßt. Auch fürchte ich, daß sie eine Partie »Mensch ärgere Dich nicht« für Zeitverschwendung hielten. Ich begegne Genies mit der ihnen gebührenden Bewunderung, halte sie aber für anstrengend. So ist es mit Schach: Die Fähigkeit, aus kleinen Ereignissen große Schlüsse zu ziehen und allein aufgrund der Eröffnung zu wissen, wie es weitergeht oder bei üblichem Verlauf weitergehen sollte, beeindruckt mich ganz außerordentlich. Die Begabung, mit einem Zug geistig eine lange Folge von weiteren Zügen zu verbinden, inbegriffen die nach menschlichem Ermessen zu erwartenden Züge des Gegners, versetzt mich in kindliches Staunen. Das Talent, für eine in weiter Ferne liegende Zukunft geschickt zu planen und dabei alle dazwischenliegenden Ereignisse zu berücksichtigen, nötigt mir den größten Respekt ab. Ich stehe dem gegenüber mit der Bewunderung des Trägers von zwei linken Händen, der einen eingefleischten Heimwerker beim Zimmern eines Gartenhäuschens beobachtet. Wie der Ungeschickte denke ich aber manchmal, zum eigenen Trost und zur Wiederherstellung des Gleichgewichts auf der Welt: Muß man das können? Gibt es nicht Fachleute dafür? Habe ich nicht andere, bestimmt gleichwertige Talente?

Im Falle des Spiels Schach bedeutet das, daß ich ihm den Spielcharakter kurzerhand abspreche, es also aus meiner Welt verbanne. Ich ordne es dem nebensächlichen Bereich Arbeit, Ernst, Bedeutsamkeit zu. Freilich hätte ich gerade deshalb Lust, mich mit einem Weltmeister ans Brett zu setzen und nichts als Blödsinn zu

machen, sein ausgeklügeltes Gespinst aus Zügen mittels der Unberechenbarkeit eines Laien zu zerstören, was für ein Weilchen ja manchmal auch gelingt; hätte ich Lust, nicht angemessen andächtig zu schweigen, sondern sein Tun zu kommentieren auf anarchische Art. Natürlich würde ich verlieren, aber ich hätte die ganze verfluchte Ernsthaftigkeit untergraben und das Spiel entlarvt als Sonderform einer Sitzung des Verteidigungsausschusses. Wer weiß, vielleicht spiele ich auf diese Weise mal Schach, wenn ich groß bin.

Warten auf Catan

Vorhang auf. Zu sehen ist eine fremdschöne Landschaft, ein weiter Himmel, der sich über einem freundlichen Stück Erde wölbt; der Himmel ist klar zunächst, weitgehend unbewölkt, nur an seinen Rändern hängen noch einige Gewitterwolken, die von der letzten Aufführung übriggeblieben sind und in der Eile nicht entfernt werden konnten. Die Erde: Meer, viel Meer, in der Mitte eine Insel, fruchtbares Land. Die Insel heißt Catan. Zu sehen sind dunkle Wälder dort, hellgrün leuchtende Weideflächen, auf denen friedlich Schafe grasen und geistesschwach kauen, gelbe Äcker am Ende eines großen Sommers, wild zerklüftete Gebirge, rötlich schimmernder Lehmboden, der schon die Ziegel ahnen läßt, zu denen er sich verdichten wird. Auch Wüste ist zu sehen, ödes Land, aber nur stellenweise. Catan ist eine einsame Insel, die wenigen Straßen beginnen bei den verstreuten Siedlungen und enden im Nirgendwo. Weit und breit kein Mensch; wer hier lebte und diese Spuren hinterlassen hat, muß schon vor langer Zeit gegangen sein, aber wohin, vielleicht geflüchtet, aber wovor? Am Horizont zeichnet sich der Umriß eines Schiffes ab, das bewegungslos auf dem Meer verharrt. Weit draußen wartet etwas – Piraten? Barbaren? Eine fremde Macht, die schuld ist an der Menschenleere Catans und bereit, zurückzukommen, sollten sich abermals Siedler auf die Insel wagen mit der kühnen Absicht, sie zu der ihren zu machen?

80

Ich wage es. Zu verlockend ist das Land, wie es da liegt unter der langsam steigenden Morgensonne, zu verführerisch die Aussicht, Herr zu sein über diese Insel, Holz zu fällen in den Wäldern, Getreide zu ernten auf den Feldern, Ziegel zu brennen aus dem Lehm, Erz zu gewinnen in den Bergen, den Schafen die Wolle vom wohlgenährten Leib zu scheren. Die Nähe der Wüste werde ich zu meiden wissen. Die Barbaren, wenn es sie denn gibt, werde ich mit all meiner Macht vertreiben. Wer weiß, wenn ich gut wirtschafte, vielleicht zieht Catans Ruf mutige Männer von weither an, die sich bereitwillig als Ritter in meine Dienste begeben? So könnte es sein, ja. So wird es werden, denke ich und denke dabei an mein jetziges Dasein, diese drögen Tage im Büro, konfrontiert mit den ewig lauernden Erwartungen eines Vorgesetzten, denen ich nur widerwillig und stets unzureichend gerecht werde, ausgeliefert den kühlen Gesetzen des Marktes, die mich zu einem notdürftig geschmierten Rädchen schrumpfen lassen in einem gewaltigen Getriebe, dessen Sinn und Zweck nur wenigen geläufig ist, aber nicht mir, dem manche einen Gewinn entziehen, aber nicht ich. Natürlich ahne ich, daß auch das Leben auf Catan kein Urlaub sein wird, sondern, ganz im Gegenteil, ein Kampf um die nackte Existenz – ich ahne es aber mit der kindlichen Zuversicht jener Siedler, die einst in Amerika westwärts zogen und nicht Indianer noch Wüstenmäuse fürchteten, von welcher tapferen Haltung ihnen bis heute immerhin ein Gewehr geblieben ist, mit dem sie nach Belieben Staubsaugervertreter aus ihrem blumenbeetbewehrten Vorgärtchen vertreiben können.

Nachdem ich die Szene mit Pionierblick betreten habe, stelle ich fest, daß ich doch nicht ganz so alleine bin wie erwartet. Drei andere müssen ähnlichen Hoffnungen verfallen sein, denn sie nennen einen Teil der Siedlungen und Straßen ihr eigen, ohne mich vorher gefragt zu haben; gleich zu Beginn stoße ich an äußerst unerfreuliche Grenzen meiner Macht, muß sogar hinnehmen, daß die fremden Siedlungen in fruchtbarerer Landschaft liegen, während ich die Wüste vor der Haustür habe, dauerhaft totes Gebiet. Wie kommt das? Woher kommen sie? Was ist geschehen? Was soll's. Ich werde es diesen Fremdlingen zeigen, die mich seltsamerweise an sehr bekannte Menschen erinnern; wie die Gefährtin zum Beispiel sieht diese Frau aus, die schon frohgemut Holz fällt und Ziegel brennt und Straßen verlegt, als stünde es ihr aus eigenem Recht zu. Die anderen zwei: Habe ich nicht Freunde, die ihnen gleichen? Catan ist eine einsame Insel, ein Stück Land, auf dem du allein bist wie bei allen Expeditionen ins wahrhaft Unbekannte – deshalb täuscht auch jegliche Ähnlichkeit der handelnden Personen mit Freunden oder Gefährtinnen; sie sehen aus, als entstammten sie dem täglichen Dasein, doch noch nie habe ich auf Catan einen Freund getroffen, der freundlich zu mir war, eine Frau, die sich als meine erwies. Catan ist Feindesland. Niemand ist dir dort so nahe wie du selbst.

Gibt es aber wenigstens einen Gott auf Catan, ein höheres Wesen, dem ein wenig Wohlgesonnenheit abzutrotzen wäre mit Gebeten, Opfern, guten Taten? Nun, wie man's nimmt, eine überirdische Macht existiert zweifellos, doch hat sie nichts gemein mit dem weiß-

bärtigen Alten des Alltags, den manche über den Wolken thronen sehen und durch Beichten gnädig zu stimmen suchen, und sie hat auch nichts gemein mit der fortschrittlicheren Version in Gestalt eines allumfassenden Geistes, der zusammenhält, was auf den ersten Blick keineswegs zusammengehört. Vielmehr ist diese Macht sehr sichtbar und verhältnismäßig klein, sie begibt sich gerne in unsere Hand und macht trotzdem unerschütterlich nur, was sie mag. Das Holz wächst noch und noch, wenn der Würfel es will, das Getreide steht in Reih und Glied, die Berge geben Erz in rauhen Mengen. Aber wehe! Jeder Siedler weiß ein sagenhaft trauriges Lied zu singen von jenen Tagen, an denen sein Reich gottverlassen neben den blühenden Ländereien der Konkurrenten liegt, an denen die Schafe elendiglich verenden und der Borkenkäfer den Forst abfrißt. Tage, Monate, Jahre. Wen diese Ödnis schuldlos trifft, der ist zu vielem bereit, er begibt sich sogar in gegnerische Gebiete und läßt sich notgedrungen zu Händeln herab – ich brauche Holz spricht er, vielleicht auch ein paar Ziegel dazu, denn schau', eine Straße möchte ich mir bauen, nur eine, denn ich hab' doch noch so gut wie keine… Aber von den Mauern der wohlausgebauten Metropole herab, in welcher die Frau sitzt, die der Gefährtin so ähnlich sieht, der Mann, der dem Freund gleicht – von diesen Mauern herab schallt ein kühles: Selbstverständlich. Wenn du vier Fuhrwerke Erz dafür zu bieten hast.

Kurz gesagt, die Reiche derer von Catan entwickeln sich höchst unterschiedlich, was zum einen an den Launen des würfelförmigen höheren Wesens liegt und

zum anderen am jeweiligen Geschick der Herrscher, das Beste daraus zu machen. Auf Dauer, so ist tröstenderweise das Leben, auch auf Catan, stellt sich aber hin und wieder ein gewisses Gleichgewicht ein. Am Ende freilich, so ist das Leben erst recht, erweist sich auch dieses Gleichgewicht als Trug, der nur dazu diente, uns hoffen und glauben zu lassen, sprich: arbeiten und kämpfen. Ich durchquere mit heraushängender Zunge und überschäumender Galle tiefste Täler, kann mir keinen Frühling mehr vorstellen und keinen Sommer, nur noch den Herbst und dann einen Winter für immer – und stehe dann plötzlich doch wieder triumphierend und siegessicher auf lichten Höhen, blicke übers Land und darf einmal, einmal wenigstens sagen: Alles meins. Wenn ich aber Pech habe, sehe ich von einem solchen Gipfel aus am Inselrand jenes Schiff, das am Anfang weit draußen verharrte – kurz vor der Landung ist es nun, schon kann ich mit dem Fernrohr die bösen Blicke der Barbaren erkennen. Alarm! Dies ist die Stunde, in der die Siedler zusammenhalten müssen, in der nur noch die geballte Kraft ihrer Ritter gegen einen Angriff hilft, der allen gilt. Andererseits – wer keine Stadt gebaut hat, kann auch keine an die Barbaren verlieren; die Konkurrenten hingegen mit ihren fetten Anwesen, die schon bald mit Hilfe von Kathedralen oder Theatern zu Metropolen zu werden drohen, könnten durchaus ein wenig gestutzt werden… Der Mensch ist einsam auf Catan.

Es wird Abend über der Insel, und es sieht aus, als wäre es ihr letzter. Die Schätze der Erde sind ausgelaugt nach langen Jahren einer Zivilisation, die ihrerseits in

schönster Blüte steht: Metropolen verheißen kulturell hochstehendes Leben, Städte bieten eine angenehme Unterkunft, Siedlungen genügen denen, die es gerne ruhiger haben, Handelsstraßen ziehen sich durchs Land und verbinden die Wohnstätten. Hie und da treibt ein Räuber sein Unwesen, versteckt sich auf einem Feld und raubt dessen Früchte; nicht lange aber, dann kommt ein Ritter daher und vertreibt den Unhold, läßt sich vorübergehend auf einer Kreuzung nieder, bis ein stärkerer Ritter des Weges zieht und wiederum ihn verjagt. Bei aller Blüte: Es herrscht nicht wirklich Frieden auf Catan, es gilt das Faustrecht auf der Straße, und in den Palästen setzt sich die auf Besitz basierende Macht der Reichen gegen das bloße Wollen der Ärmeren durch. In dieser Spätphase der Besiedlung ändert sich nur noch wenig an den Verhältnissen; kleinere Reibereien gibt es trotzdem, letzte Versuche des einen oder anderen, die Dinge noch zu seinen Gunsten zu wenden, vielleicht mit Hilfe eines großzügig erscheinenden, aber tatsächlich hinterlistigen Angebots. Wer so lange gekämpft, so lange an der Hoffnung festgehalten hat, als Herr über Catan zu enden, mag auch dann noch nicht aufgeben, wenn es eine Chance, realistisch betrachtet, längst nicht mehr gibt. Auch zu Bündnissen kommt es in dieser Zeit, zu gemeinsamen Bemühungen, den Großgrundbesitzer auf seinem Weg zum Thron noch zu bremsen; meist sind sie vergeblich. Der Augenblick ist abzusehen, in dem er äußerlich gelassen, doch im Inneren zutiefst bewegt verkündet, sein Ziel erreicht zu haben: dreizehn Siegpunkte – die unumschränkte Herrschaft. Den anderen bleibt nur, sich die Niederlage einzugestehen und die

Szene, je nach Temperament, unauffällig weinend oder laut fluchend zu verlassen. Die Nacht senkt sich über die Insel. Ein Stern leuchtet am Himmel. Wenn es meiner wäre!

Vorhang zu. Ich reibe mir die Augen wie nach einem langen Besuch im Kino. Es ist schwierig, sich wieder an die unerbittliche Helligkeit zu gewöhnen und daran, daß ich die Beine bewegen muß, um vorwärts zu kommen, und daß es wirklich weh tut, wenn ich mir dabei das Knie anstoße. Tatsächlich, die Freunde, die Gefährtin, sie sind da und sind, wie sie immer waren, als wären sie nie in Gestalt fremder Doppelgänger ihrer selbst auf Catan gewesen. Nur die Zufriedenheit oder die Enttäuschung in ihren Gesichtern verrät, daß sie vor kurzem erst Aufwühlendes erlebt haben, wie nach einem Film, dessen Ende, gut oder schlecht, für eine Weile noch Spuren hinterläßt und Gespräche anstößt. Hat es kommen müssen, wie es kam, und warum? Wir räumen die kleinen Holzstäbe weg, das waren wohl die Straßen, die Klötzchen, das dürften Siedlungen gewesen sein und Städte, packen die Karten zusammen, also die Rohstoffe, Holz, Erz, Getreide, Ziegel. Wir zerlegen das Gebilde aus sechseckigen Kartonplättchen. Das war Catan.

Der Tisch ist leer. Ein leerer Spieltisch ist eine Leinwand, keine normale, sondern eine, die Kinogänger aus Woody Allens wundersamem Film ›The Purple Rose of Cairo‹ kennen: eine Leinwand als Trennwand zwischen zwei Welten, nicht bloß Projektionsfläche, sondern Durchgang auch, hinter dem sich ein anderes Leben abspielt. Spielt! Ich kann auch »El Grande« auf den

86

Tisch legen und ins mittelalterliche Spanien eintreten, als Grande, der sich Regionen unter den Nagel reißt. Ich kann ein römischer Konsul sein in »Quo Vadis«, ein Eisenbahnbaron in »Dampfroß«, ein Häuserbauer in »Manhattan«, ein flüchtender Räuber in »Scotland Yard«. Hase oder Igel in »Hase und Igel«. Amöbe in »Ursuppe«. Sämtliche Zutaten liegen in einer Schachtel, das Drehbuch ist die Anleitung mit den Regeln, den Gesetzen all dieser Welten; sie beschreiben ihre Grundlagen, ihre Möglichkeiten, ihre Grenzen, und sie sind unverzichtbar wie das Drehbuch, ohne das die Schauspieler nur zufällig im selben Film spielten.

Der Rest ist Phantasie. Nur eine bestimmte Art von Spielen läßt ihr diesen Freiraum, läßt uns durch die Leinwand treten – nicht die abstrakte Sorte ist es, nicht die allzu simple. Es ist jene Art, die an den Einfallsreichtum der Kindheit erinnert, als sich das geometrische Muster des Perserteppichs nach Belieben in eine Rennbahn für die Spielzeugautos verwandelte. Derartiges dürfte altmodisch sein. Es ist aber auch hoffnungslos unzeitgemäß, den Alltag aus Festplatten, Speicherbausteinen und elektronischen Nachrichten zu verlassen, um höchst archaisch auf einer Insel zu siedeln. Vorhang auf, und alle Macht – nun denn, wenn's ginge, mir.

Jeder Mensch ist ein Politiker

Jeder Mensch ist ein Künstler; das ist schön. Wer sich den erweiterten Kunstbegriff zu eigen macht, sieht Menschen umgehend mit ganz anderen Augen und muß nur, zum Beispiel, den einen und anderen Besucher des Münchner Oktoberfestes sehr großzügig übersehen – oder er muß, alternativ, den Kunstbegriff sicherheitshalber derart erweitern, daß auch der Vollrausch noch als ästhetischer Akt durchgehen kann. Ähnlich verhält es sich mit dem erweiterten Spielbegriff: Jeder Mensch ist ein Spieler. Alles ist ein Spiel. Spielen ist alles.

Grundsätzlich ist mir diese Interpretation ausgesprochen sympathisch, weil sie dem Leben ein wenig von seinem mitunter gewaltigen Gewicht nimmt; sie wird aber spätestens dann auf eine harte Probe gestellt, wenn schon wieder ein Kollege an mir vorbei befördert worden ist und ich trotz gespielter Lockerheit nicht in der Lage bin, dieses Ereignis für im Grunde folgenlos sowie im weiteren Verlauf korrigierbar zu halten. Das Leben ist ein Spiel, das ist schön – doch am Ende schließt der Deckel gründlich, was eine Revanche leider verhindert. Herbsttag: Wer jetzt keine Sechs hat, würfelt keine mehr. Wer jetzt am Start noch hockt, wird dort verharren, wird weinen, leiden, lange aufs Spielbrett starren… Ob Hindus hoffnungsfroher sind, mit ihrem Glauben an weitere Partien nach der finalen Niederlage?

Genug. Ich wollte vom Münchner Rathaus erzählen. Alles ist ein Spiel – auch die Politik? Natürlich.

Politiker pokern, sie zocken, schummeln, schließen Bündnisse und lassen den Partner zurück, wenn es dem eigenen Fortkommen dient; sie haben Trümpfe im Ärmel und nicht selten nur eine Karte, auf die sie aber alles setzen. Sie handeln, und wer weiß, vielleicht würfeln sie auch. Strategie kommt vor, Taktik ist die Regel. Sie spielen im Münchner Rathaus und in allen Rathäusern bis hin zum obersten in Bonn beziehungsweise Berlin; ihr Spiel hat allerdings den Nachteil, daß die Gewinner und Verlierer nicht zwangsläufig mit von der Partie und trotzdem Folgenträger sind. Es ist, als spielten wir »Monopoly« und hätten Pleiten nicht selbst zu schultern, sondern könnten sie an weitgehend unbeteiligte und vollkommen fremde Passanten draußen vor der Tür delegieren. Wäre es umgekehrt eigentlich denkbar, daß wir uns nicht selbst ans Brett setzen, wenn um unser Geld gewürfelt wird, sondern aus der Ferne zugucken und nur hin und wieder ein paar Spieler auswechseln? Die Politik ist ein Spiel mit weitergereichten Folgen, also nicht wirklich ein Spiel, eben dieser Folgen wegen. Hätte es keine, spielten Politiker dann trotzdem? Und warum? Und wie?

Es war Wahlkampfzeit in München im Februar 1996, worin vermutlich der Grund liegt, daß sich eine Rote, ein Schwarzer, eine Grüne und eine Gelbe bereit erklärten, gemeinsam für die Presse zu spielen. Politiker neigen dazu, gewählt werden zu wollen und dafür einiges zu tun, sogar Blödsinn aus ihrer Sicht, wenn's denn sein muß und einige Zeilen in der Zeitung einbringt. Ohne wenigstens diese Art von Folgen wäre es mir damals

vermutlich nicht gelungen, vier Politiker an einen Tisch zu bringen, auf daß sie sich nach Möglichkeit als Menschen zu erkennen gäben, die auf Folgenabwägung und Wirkungsabsicht vorübergehend verzichten, also spielen; im Rathaus zwar, doch nicht politisch. Katalysator sollte ein Spiel sein, das damals neu war und den speziell in Bayern doppelbödigen Titel »Saludos, Amigos!« trug – jenen Gruß also, mit dem der gewesene Ministerpräsident Max Streibl noch kurz vor dem unfreiwilligen Ende seiner von »Amigo-Affären« geprägten Amtszeit hilflos selbstironisch und mitleiderregend wirklichkeitsfern Zuversicht demonstrieren wollte. Überhaupt war das Spiel so recht für Bayern gemacht: Es simulierte die Zustände in einem fiktiven Dorf, dem nach der unerwarteten Entdeckung einer Heilquelle Reichtum bevorsteht, wovon natürlich alle profitieren wollen. Baulöwen finden sich ein, verhandeln und mauscheln, bestechen Gemeinderatsmitglieder, reißen sich Bauabschnitte unter den Nagel und haben nur ein Ziel – reich zu werden, koste es, was es wolle.

Die Namen der vier tun nichts zur Sache, sie waren für ihre Parteien beziehungsweise die Bürger an hervorgehobener Position tätig, als Bürgermeisterinnen und Fraktionsvorsitzende, sie hießen B. (SPD), C. (Grüne), P. (CSU) und K. (FDP). Drei von ihnen sind heute noch in derselben Funktion zugange, die vierte ist es nicht, sie hat statt dessen ein von bedenklichem Offenbarungszwang geprägtes Buch geschrieben und darin zwischen ausufernden sexuellen Detailschilderungen zugeben müssen, daß sie ihr Amt ziemlich eklig fand, inbegriffen

die Parteifreunde, Wähler, Bürger und eigentlich so gut wie alles. Sie ist es aber, die bei »Saludos, Amigos!« gewonnen hat – was den Schluß naheligt, daß eine herzliche Verachtung des eigenen Berufs samt all seiner Begleitumstände beim Spielen hilft, indem sie zu ausgleichender und befreiender Bosheit motiviert. Im Falle des Berufs »Politiker« kommt hinzu, daß die Mechanismen der Bosheit aus täglicher Praxis bestens bekannt sind, ebenso die Mittel zu ihrer Verschleierung. Tue Böses und rede nicht darüber. So spielte C. – perfekt.

Die Situation war natürlich eine Zumutung: Es machte sich gut, zu gewinnen, aber um zu gewinnen, mußte man schlecht sein, und bei all dem sah ein Journalist zu und schrieb mit. Dementsprechend begann die Sache eher zäh, mit vorsorglichen Bekenntnissen (K.: »Ich kann gar nicht spielen, ich mache das sonst nie.«) und parteiprogrammverträglichen Vorbehalten: »Eine Kläranlage auf der grünen Wiese«, fragte die Grüne C., »kann man die auch *nicht* bauen?« Sie baute dann doch, weil es ihr sieben Millionen einbrachte; und überhaupt hätte ein unwissender Beobachter bald den Eindruck gewonnen, daß da vier Leute spielten, die sich nicht wesentlich von anderen Leuten unterschieden. Das Eigenleben des Spiels nahm sie gefangen, worauf sie vergaßen, an ein Leben außerhalb des Spiels zu denken. Die normalerweise eher sanft und mütterlich auftretende B. erwies sich als sporadisch energisch, die ohnehin forsche K. legte eine seltsam durchtriebene Naivität an den Tag, C. gab sich kühl und war heiß auf den Sieg. Nur bei P. (zur Erinnerung: CSU) hielten sich Reste einer gewissen Befangenheit, was angesichts der

für ihn gefährlichen Verwandtschaft von Spielthema und Parteigeschichte nur zu verständlich war. Trotzdem langte er tapfer hin: »Hier krieg ich drei Millionen, was krieg ich bei euch? Vier? Gut.« – »Der P. fragt immer bloß: Was krieg ich denn?« – »P. hat nix, is nix – und gewinnt.« – »Ich glaube nicht, daß die Regeln wirklich so sind.« Es war K., die an den Regeln zweifelte, ausgerechnet K., die eingangs behauptet hatte, nicht spielen zu können, und am Ende kleinmädchenhaft stolz feststellte: »Ich glaube, ich kann doch spielen!« K. erwies sich nun also nebenbei sogar als gängiger Spieler-Typ: als jener nämlich, der heftig an den Regeln zweifelt, wenn sie ihm in einer bestimmten Situation einen Nachteil einbringen. Natürlich nützte es nichts, ihr den Wortlaut zu bestätigen. »Nein!« rief das Kind K. »Ich will selber nachlesen!«

Auch Journalisten kommen vor bei »Saludos, Amigos!«. Sie haben die ehrfurchtgebietende Macht ihrer Intelligenzblätter namens »Hocus«, »Pocus« sowie »Locus« im Rücken und deshalb, anders als im wirklichen Leben, eine erhebliche Wirkung: Wenn sie auftauchen, erleiden jene Baulöwen, welche mit unlauteren Mitteln die meisten Gemeinderäte auf ihre Seite gebracht haben, schmerzhafte Verluste. Es ist denkbar, daß ein Politiker diese Macht je nach Einstellung grundsätzlich bedauert oder begrüßt. »Warum müssen wir zurück, nur weil ein Journalist auftaucht?« fragte empört P., als er zurück mußte. Später tauchte abermals ein Journalist auf, und alle mußten zurück, nur P. nicht: »Jetzt«, sagte er, »erreicht das Spiel seinen Gerechtigkeitshöhepunkt.« Das war zweifellos die Aussage eines

Spielers, der sein Empfinden für Gut und Böse, überhaupt seine grundsätzliche Meinung zu diesem und jenem sehr flexibel danach ausrichtet, ob er von diesem oder jenem ein wenig profitieren kann oder nicht. Unbedingt gerecht ist es, wenn ich zum zehnten Mal hintereinander die Sechs würfele und alle anderen nicht vorwärtskommen; außerordentlich ungerecht ist es, wenn außer mir noch jemand Glück hat. Das ist die Umwertung aller Werte, ein Reiz des Spiels.

Wie verhält sich also ein Politiker, wenn er beim Spielen ausnahmsweise vergißt, daß er gewählt werden will? Er verhält sich wie ein Politiker, der dem bösen Klischee des Politikers exakt entspricht: Er ist egoistisch, ungerecht, bereit und bestrebt, zugunsten des eigenen Vorteils jegliche Mitmenschlichkeit fahren zu lassen; er ist ein Spieler. Daraus folgt, daß alle Spieler Politiker sind. Und sollte tatsächlich jeder Mensch ein Spieler sein, wäre jeder Mensch auch ein Politiker. Das ist der erweiterte Menschenbegriff.

Expeditionen zum Absacker

Arnsberg, zum Beispiel. Arnsberg ist ein altes Schloß hoch über dem Altmühltal, halb Hotel der einfacheren Art, halb Ruine, aber noch ausbaufähig, herrlich gelegen, mit Wald im Rücken und in die Tiefe stürzenden Felswänden vorne, an deren Rand der Blick weit übers Tal geht. Das Essen ist bescheiden. An den Wochenenden kommen Wanderer, und manchmal fällt auch ein Schwarm schwarzer Autos ein, aus denen grau gekleidete Männer quellen, die später ihre Krawatten lockern und in büroferner Umgebung ihre Leistungen im Büro übungshalber optimieren. Hin und wieder sieht das Schloß allerdings noch Seltsameres in seinen Gemäuern oder draußen im Hof: vier Menschen, die nur gelegentlich auf der Terrasse stehen und die Aussicht loben, das Gefühl, alles Enge hinter sich gelassen zu haben; die nur selten in den Wald gehen, um eine Weile über die auf den schmalen Pfaden herumliegenden Äste zu klettern. Ansonsten spielen sie. Spielen von Freitagnacht bis Sonntagabend. Das sind die Wochenenden, vor denen ich es freitags sehr eilig habe und grundsätzlich früher gehen muß, die Kollegen bitte, mir die eine oder andere Arbeit abzunehmen, weil ich eigentlich längst schon weg sein müßte. »Ach«, pflegen sie zu sagen, »gehst wieder auf dein Schloß? In die Krabbelstube?«

So weit habe ich es gebracht, daß mir in solchen Situationen niemand zutraut, einen allgemein als wichtig anerkannten Termin einhalten zu müssen, bei der

Zahnärztin vielleicht oder auf dem Tennisplatz, die Geburtstagsfeier des Schwiegervaters oder eine Versammlung von Kleinaktionären der Bayerischen Vereinsbank. Ich muß meinen vorzeitigen Abgang auch gar nicht erst, wie das üblich ist, mühsam und eingeschränkt glaubwürdig mit dienstlichen Verpflichtungen nach Feierabend begründen – es genügt, wenn ich gehe, weil ich offenbar ohnehin nur ein Ziel haben kann. Ginge ich wöchentlich oder noch öfter, nähme man auch das vermutlich so gelassen hin wie das zunächst gewöhnungsbedürftige, dann komische und schließlich selbstverständliche Verhalten anderer Sonderlinge, die ihre Schaffenskraft zu einem großen Teil zwangsläufig der Arbeit widmen, zu einem unübersehbaren anderen aber beispielsweise der Aufzucht und Pflege von Stubenfliegen. Ist in Ordnung, solange er die Viecher nicht mit ins Büro bringt.

So weit habe ich es gebracht, und es war kein langer Weg, und ich weiß nicht, wohin er noch führen wird. Erwachsene Menschen treffen sich zum Spielen, das ist eine höchst banale und keineswegs seltene Angelegenheit; im Anfangsstadium geben sie diesem Treffen noch keinen eigenen Namen, sondern tun sich zusammen wie zum Kinogang oder zum Kneipenbesuch. Später, wenn es sich als Zeitvertreib von ganz eigenem Reiz erwiesen hat, ein paar Stunden lang nur zu spielen, nicht zu schwätzen, nicht zu diskutieren, nicht zu streiten, nur vorsätzlich zu spielen, heißt das »Spieleabend«. Ich höre das Wort öfter, meist vorgetragen in einem bedauernden Tonfall und in einen Satz eingebaut, der auch »Man müßte mal wieder« enthält. Man hat ja bedauer-

licherweise keine Zeit, sondern Termine, auf dem Tennisplatz und bei der Aktionärsversammlung, und wenn es doch hin und wieder mehr als zwei Menschen gelingt, ihre knappe Freizeit so zu koordinieren, daß sie auf dieselben Stunden fällt, rinnen diese Stunden nur so dahin und gehen drauf für die gesammelten Klagen über allzu knappe Zeit. Natürlich könnte auch der Spieleabend als Termin gelten, unbedingt auszumachen und einzuhalten, nicht nur dann, wenn sonst nichts anliegt. Von dieser Bereitschaft wäre es auch nur noch ein kleiner Schritt zum Fortgeschrittenenstadium, in dem der Spieleabend lediglich als Fast Food gilt im Vergleich zum großen Festessen namens »Spielewochenende«. Arnsberg, zum Beispiel.

Bei mir begann es in größerem Ausmaß erst in der Studentenzeit. Natürlich hatte ich vorher schon gerne und häufig gespielt, aber ein Spieleabend, der diese Bezeichnung verdient, ist eine Frage der inneren Einstellung – es genügt ja keinesfalls, mit der Familie oder Freunden am Tisch zu sitzen und in einer Gesprächspause zufällig daran zu denken, daß »Shopping Center« immer ein ganz nettes Spiel war, dem man sich durchaus mal wieder widmen könnte. Ein Spieleabend ist geplant, erstens. Ihm geht Vorfreude voraus, zweitens. Es steht fest, drittens, daß außer Spielen im großen und ganzen nichts stattfinden wird. Erst als ich Student war, nach der Zeit der Oberstufenabschweifungen und vor dem berufsbedingten Ende der Freiheit, verfestigte sich der Abend, an dem man spielt, zum Spieleabend, kamen auch die Mitspieler hinzu, die ebenfalls eine Partie »Hase und Igel« der Erörterung der mittelhoch-

deutschen Lautverschiebung im Zweifelsfalle vorzogen. Die erste Vorlesung am nächsten Morgen durfte als entbehrlich gelten. Die zweite ebenfalls. Möglicherweise habe ich in dieser Zeit einen Grundstein gelegt, selbst wenn ich die Menschen, die mit mir »Auf Achse« waren oder bei »Heimlich & Co« die Ruine bevölkerten, heute nur noch selten sehe und nicht zum Spielen. Auch vom Inhalt des Studiums ist wenig geblieben, weil es im Berufsalltag keine Rolle mehr spielt – geblieben ist aber der Spieleabend, eine Institution der Freiheit, jetzt in einem Umfeld aus Pflichten.

Ein Spieleabend beginnt – lange vor dem Eintreffen der Gäste oder dem Aufbruch – mit einem Blick ins Regal. Was liegt da, was wartet, ruft, was will in die Hand genommen werden? Was ist schon fast verstaubt, so gut wie vergessen, wohlverdient oder ganz zu Unrecht? (Diese Beschreibung gilt für normale Menschen. Der Kritiker fragt: Was muß ich als nächstes besprechen? Was ist überfällig? Was bedarf einer dritten, vierten, fünften Partie, um beurteilt werden zu können? Was möchte ich am liebsten entsorgen und darf es nicht?) Je voller das Regal ist, desto aufwendiger ist naturgemäß diese Phase, aber obwohl es meist dieselben Spiele sind, die eine solche Selektion überstehen, kann eine naheliegende Konsequenz keinesfalls gezogen werden: Jene Schachteln, die selten bis nie auf den Tisch kommen, dürfen trotzdem nicht in den Keller, auf daß die Auswahl leichter werde. Ich sähe sie dort ja nicht, besäße sie nicht, ich hätte einen Verlust an Umgebungsqualität zu beklagen.

Wichtig ist nun noch die Mischung der Titel: Nur Amateure muten ihren Mitspielern zum Einstieg eine Zwei-Stunden-Aufgabe zu, so wenig, wie der Koch als Auftakt den Hauptgang serviert – ein Amuse gueule muß es sein, ein Appetithäppchen, eine Kostprobe der Küchenkunst, schnell zu verspeisen, scheinbar schon den Hunger stillend, aber nur für ein paar Minuten, um anschließend eine um so größere Gier zu hinterlassen. Man sollte sich nicht gleich verausgaben müssen. Ein wenig würfeln, ein paar Karten ziehen, das genügt.

Ach so, das Essen, nun wörtlich genommen. Ich rede nicht vom Spielewochenende, das ein Sonderfall ist, eine Art vorübergehende Kasernierung, in deren Verlauf den Bedürfnissen des Körpers natürlich hin und wieder Genüge getan werden muß. Der Spieleabend dagegen – eigentlich wäre es möglich, ihn nur mit ein paar Gummibärchen zu begehen, Salzstangen meinetwegen auch, obwohl mir mundgerecht geschnittene und stets in Reichweite liegende Scheibchen von Salami oder westfälischem Schinken ja weitaus lieber sind, weil ihre Würze den Geist stärker beflügelt als all dies klebrige Knabberzeug, das besser zum Kaffeekränzchen paßt. Eigentlich, sagte ich. Es gibt aber Menschen und Mitspieler, die eine Einladung zum Spieleabend bei nicht gänzlich vollzogener Sozialisation auch als Einladung üblicher Art mißverstehen, also hungrig kommen in der Erwartung einer sättigenden Speisefolge; noch wissen sie nicht, daß einem notorischen Spieler jede Viertelstunde, die nicht dem Spiel gilt, in der Seele schmerzt, daß er ungeduldig und genußunfähig den Lammrücken in unziemlich großen Brocken

verschlänge, selbst wenn er bei anderen Gelegenheiten noch so gerne und mit Muße ißt. Spieleabend ist aber Spieleabend, nicht beliebiger Zeitvertreib.

Sage ich also: Kommt um acht, aber bitte satt, denn zu essen gibt's nichts, weil allein »Die Macher« schon mindestens vier Stunden dauern? Das kann ich sagen, aber nicht jedem. Ich sage also nichts und bereite vielleicht ein paar kalte Häppchen vor, zu verspeisen nebenbei. (Aber Achtung, nicht mit fettigen Fingern die schönen neuen Karten versauen!)

Gesetzt den Fall, die Verhältnisse sind geklärt und alle Anwesenden frei von Hunger und sonstigen ablenkenden Interessen, wozu auch das Bedürfnis gehört, schnell noch vom jüngsten Ärger im Büro zu erzählen oder von aufregenden Erlebnissen aus dem letzten Urlaub – gesetzt diesen manchmal unverschämt spät eintretenden Fall könnten wir zum Beispiel mit dem Amuse gueule »Dummy« beginnen. Das ist ein Kartenspiel, bei dem nur Karten abgelegt werden müssen, die Sechser auf den Sechser-Stapel, die Dreier auf den Dreier-Stapel, und wenn sechs Karten bei den Sechsern liegen oder drei bei den Dreiern, darf man den jeweiligen Stapel an sich nehmen. Primitiv, flott, lustig. Mit diesen Eigenschaften eignete sich »Dummy« auch als sogenannter Absacker (Dessert, Espresso, Betthupferl), doch dazu komme ich noch. Ich habe die Getränke vergessen, mit denen es sich ganz anders verhält als mit dem Essen: Trinken begleitet das Spielen selbstverständlich, nicht unablässig beim Spielewochenende, aber chronisch beim Spieleabend, der unversehens zur Nacht wird und nicht selten auch zum Morgen. Man mag

hier anderer Meinung sein und die Jogger, die Gesundheitsbewußten, die Vernünftigen auf seiner Seite haben – ich muß mich aber leider ins Lager der Sünder begeben und gestehen: Ein Bier paßt ganz gut zum Spielen, und wenn es zwei werden, halte ich das für unproblematisch, und mit dem dritten fängt der Abend an, richtig gemütlich zu werden. Keine Sorge aber, Pflicht ist das nicht, und es besteht auch kein innerer Zusammenhang zwischen Spiel und Alkohol – im Gegenteil, es gilt, den eigenen Geisteszustand stets den Erfordernissen auf dem Brett gut anzupassen, also langsamer zu trinken, wenn Strategiespiele einen nebellosen Kopf erfordern oder komplizierte Verhandlungen lallfreie Zungenfertigkeit voraussetzen; man darf die Vorsicht gegebenenfalls erst dann etwas fahren lassen, wenn die Spielefolge ins Leichtere übergeht. Manche Menschen fühlen sich wohl bei Mineralwasser und Mineralwassertrinkern, andere weniger. Ich zähle mich zu den anderen, doch ich spiele ja auch gerne und klaglos mit Nichtrauchern, sofern ich selbst rauchen darf. Andernfalls ziehe ich es vor, den Abend in die eigene Wohnung zu verlegen und für ausreichende Frischluftzufuhr zu sorgen, denn ausgerechnet ein Spieleabend, diese Feier der Freiheit, an dem ich eingeschränkt wäre in meinen wesentlichen Verhaltensweisen? Nein. Nein, nein. »Solitär« ist notfalls auch ein nettes Spiel, und niemand hustet vorwurfsvoll, wenn ich im Eifer des Gefechts hektisch Rauchwolken ausstoße.

Ich sollte hier nun eine kleine Exkursion nach Kärnten einschieben, um mich wieder in ein korrekteres Licht

rücken und sagen zu können: Einen Menschen auf jeden Fall kenne ich, der weder raucht noch trinkt und trotzdem ein sehr angenehmer Mensch und außerdem ein Spieler ist. Der Mensch heißt H., und es begab sich, daß H. zu einem Spielewochenende einlud – womit ich auch diese Einrichtung für Hartgesottene samt ihren Absonderlichkeiten gleich abhandeln kann. Ein Spielewochenende, dies vorweg, kann sowohl in Privatwohnungen stattfinden als auch an neutralen Orten, in Arnsberg zum Beispiel. Letzteres hat den Vorzug, nach Kurzurlaub auszusehen und den Abstand noch zu vergrößern, den der Übertritt in die Welt der Spiele ohnehin schon zwischen uns und den Alltag bringt. Das ist auch der Unterschied beispielsweise zum Wanderwochenende: Wer wandert, macht einen (noch dazu mühseligen) Schritt, weg vom Üblichen. Wer spielt, geht einen zweiten, wie durch eine Geheimtür, hinter der sich ein Raum voller Schatzkisten auftut.

Weil H. nicht raucht, glaubt er wie alle Nichtraucher, daß es einem Raucher egal sei, ob er raucht oder nicht, daß er es tun oder eben lassen kann und der Unterschied keine nennenswerte Rolle spielt. Es dürfte unmöglich sein, einem Nichtraucher deutlich zu machen, daß eine Einladung mit Rauchverbot der rein hypothetischen Situation gleicht, in der ich jemanden mit den Worten einlüde: Du darfst zum Essen kommen, dich dabei aber nicht setzen. Natürlich kann ich auch nicht rauchen. Natürlich kann ich auch im Stehen essen. So richtig Freude macht aber beides nicht, was im einen Fall jeder einsieht und im anderen als Rücksichtslosigkeit des Rauchers gilt. Schweife ich ab? Das Wo-

101

chenende in Kärnten spielte sich weitgehend im Freien ab, und ich sehe heute noch H.'s Gesichtsausdruck, den er nicht vermeiden konnte, als wir – die Gefährtin und die rauchenden Freunde F. und C. – die längst schon für die Nacht verstauten Gartenmöbel auf der Terrasse wieder aufbauten, um draußen weiterspielen zu können, so lange wie möglich, also die ganze Nacht lang, wobei uns später ein Feuer im Tonofen notdürftig wärmte. H. blieb dabei, zu wenig Raucher, um das wirklich zu verstehen, zu sehr Spieler, um aufs Dabeisein zu verzichten.

Dieses Bild steht nicht nur für die Leidenschaft von Spielern, sondern auch für die Sturheit von Rauchern, das stimmt schon – aber es gibt weitere und reinere. Arnsberg, zum Beispiel. Eine Partie »Siedler« am Abend, auf einem Gartentisch, und es fängt an zu regnen. Der Regen wird stärker, die Sonnenschirme schützen die Insel im Meer nicht mehr vor lästig realer Nässe, und uns natürlich auch nicht – also müssen wir umziehen, müssen den ganzen Tisch mit Catan in fortgeschrittenem Stadium versetzen, vom Hof durch schmale Türen und verwinkelte Gänge ins Schloß, dazu den Bierkasten und die Wodkaflasche und die Gläser und die Aschenbecher. Muß ich mitteilen, daß nicht eine Siedlung dabei verrutscht, nicht eine Stadt anschließend auf einer anderen Kreuzung steht, nicht ein Rohstoff in falsche Hände gerät? Oder Kärnten: »Die Macher« im Sturm. Den Tisch zu transportieren, ist in diesem Fall unmöglich, weil er zu groß ist und vollständig bedeckt mit Plänen und sonstigem Zubehör; also kommt der Hausherr H. nicht darum herum, Steine und Stöckchen zusammenzusuchen, um die Karten und

Plättchen auf dem Tisch halbwegs festzuhalten. Es bleibt ihm auch nichts anderes übrig, als die zusammengeklappte, vor dem Sturm schützende Tischtennisplatte immer wieder klaglos zu verschieben, von hier nach dort und zurück und wieder nach dort, wenn die Richtung des Winds sich immer wieder überraschend ändert.

Mir scheint dies das allgemeingültige, ewige, unüberbietbare Symbolbild des Spielewochenendes zu sein: Fünf Menschen um einen Tisch, auf dem die zahlreichen Zutaten aus einer großen Schachtel liegen, mit beliebigen Gegenständen beschwert, trotzdem manchmal durch den Garten wehend, worauf sich einer fluchend und lachend erhebt und in den Sträuchern verzweifelt nach einem Spielstein sucht, indes die anderen mit Händen und Ellbogen größeren Schaden zu verhindern versuchen; im nächsten Augenblick der Windstille fahren sie unverdrossen fort, bis eine weitere Bö übers Brett fegt, worauf einer sich erhebt… Später gilt es dann, Hunderte von winzigen Holzklötzchen zu zählen, ängstlich, ob nicht etwa eines fehle, weil in diesem Fall das Spiel unbrauchbar wäre oder jedenfalls schwer beschädigt.

Wer dem zusieht, muß Spieler für Verrückte halten, und er hat natürlich recht – aus der Perspektive des Ahnungslosen. Man kann vielleicht eine Theateraufführung im Freien abbrechen oder ein Konzert, weil man im Prinzip ja weiß, wie's vom aktuellen Stand an weitergeht, weil man also ein andermal von vorne anfangen kann, ohne daß es zu einem wesentlich anderen Ergebnis käme. Wenn ich aber zehn Siegpunkte bei den

»Siedlern« habe oder beste Aussichten bei der nächsten Landtagswahl im Falle der »Macher« oder auch nur bereits drei meiner Männchen im Haus bei »Mensch ärgere Dich nicht« – aufhören, verzichten, vergessen? Und wenn es ganz anders gekommen ist und meine Hoffnung dem weiteren Verlauf gilt, in dem ich das Blatt endlich zu wenden gedenke – vergessen, verzichten, aufhören? Ein Spiel endet, wenn der Sieger durchs Ziel geht, und mit dem Spiel enden für diesmal die Hoffnungen und Befürchtungen; nicht früher, nicht später, und schon gar nicht wegen Sturm und Wolkenbruch.

Natürlich ähnelt nicht jedes Spielewochenende auf diese Weise einer Extremklettertour in den Anden, doch ohne Extreme geht es selten ab, auch wenn es nur ein extremer Schlafmangel ist. Anreise, wie gesagt, am Freitag möglichst früh, Abreise am Sonntag so spät wie möglich – die Gestaltung der Zeit dazwischen folgt nicht den üblichen körperlichen Rhythmen von Wachsein und Schlaf, sondern richtet sich nach der Zahl der mitgereisten Waschkörbe voller Spieleschachteln oder der Vorauswahl, wenn wir daheimgeblieben sind. Diese Auswahl freilich kann stets nur vorläufig sein, weil immer wieder ein ungeahnter Zusatzwunsch auftaucht und erfüllt sein will. So ziehen die Stunden dahin, es wird Nacht, wird Tag, wieder Nacht, Tag, und am Ende blicken wir zurück auf zweieinhalb Tage und Nächte, die uns vorkommen wie alles und nichts, angefüllt mit Erlebnissen verschiedenster Art und deshalb viel länger, als sie tatsächlich waren.

Nicht alle Spieler sind bereit zu solchen Expeditionen ins Ausschließliche, viele brauchen den Wechsel, die

104

Erholung auch vom Spiel; nur wenige stöhnen nicht, wenn schon nach dem Frühstück wie ein Schicksalsschlag die Frage kommt: Und was spielen wir jetzt? Wenn von den wenigen einer ausfällt, öffnet sich spürbar eine Lücke, nicht zwangsläufig eine menschliche, aber auf jeden Fall eine spielerische. Auch dieses Phänomen ist bemerkenswert: Es gibt im Leben des Spielers, grob gerechnet, drei Arten von Menschen. Erstens jene, die nicht spielen mögen, aber dennoch Freunde oder wenigstens gute Bekannte sein können – obwohl ich im Verlauf noch so angenehmer Abende bei noch so guten Gesprächen nie das gelegentliche Gefühl einer gewissen Verschwendung ganz unterdrücken kann, wenn ich an die Spiele denke, die wenigstens zwischendurch theoretisch gespielt werden könnten. Bei der zweiten Art verhält es sich umgekehrt – wunderbare Spieler sind das, allzeit und zu allem bereit, leidenschaftlich, ganz bei der Sache; doch wehe, wenn es zu einer Pause kommt, wenn es ein wenig dauert bis zum ersten Spiel oder nach dem letzten. Wir haben uns wenig zu sagen, unser einziges Kommunikationsmittel ist das Spiel. Die dritte Kategorie schließlich ist die seltenste: spielende Freunde. Solche Menschen könnte man sich ohne weiteres als Dauergäste in die Wohnung holen.

Zurück zur Speisekarte des Spieleabends. Wir sind jetzt, nach diversen Suppen und Zwischengängen und dem schweren Hauptgericht beim Ausklang angelangt, der seinerseits stets mit dem Espresso oder besser noch dem Schnäpschen enden muß, eben dem »Absacker«. Das Wort hat eine wunderbare Doppelbedeutung, indem

105

es zum einen aufs Niveau der Spiele verweist und zum anderen auf den Zustand der Spieler – wir befassen uns zum Abschluß mit sehr Einfachem, weil wir zu Kompliziertem nicht mehr in der Lage sind. Das beruhigt die möglicherweise etwas angespannten Nerven, hebt die Stimmung wieder, sollte sie aufgrund heftigen Grübelns zuvor etwas abgesackt sein, und es macht deshalb ganz besonderen Spaß, weil jeder weiß, daß es beim Absacker aufs Gewinnen nicht mehr wirklich ankommt, sondern nur noch ums lustige Hinüberdämmern in die Zeit nach dem Spielen geht. Es ist ungünstig, wenn nun noch Anleitungen gelesen und erklärt werden müssen. Der Absacker sollte demokratisch sein, jedem bekannt und von allen beherrscht.

Drei Uhr morgens ungefähr, vielleicht schon vier. Jahrelang haben wir nach den Spieleabenden mit D. »Racko« gespielt, fleißig in einem Ständer Karten nach Zahlen geordnet und aufeinanderfolgende Dreier-, Vierer-, Fünferreihen gebildet, was mit unserer Übung in jeglicher Verfassung möglich war, ohne Denkanstrengung, mechanisch, mit leicht benebeltem Geist oder nur noch schlitzweit aufzubringenden Augen, aber stets spannend und mit einem letzten, schon sehr lässigen Rest von Ehrgeiz gewürzt. Mußten wir das tun, obwohl es ein wenig nach körperlicher Qual klingt, längst nicht mehr nach freiwilligem Vergnügen? Wir mußten. Kein Spieleabend war komplett ohne »Racko«, so wie kein Studenten-Spieleabend mit W. komplett war ohne »Reversi«, und manchmal kam es mir vor, als wäre der ganze Abend nur eine Hinführung zu »Racko« gewesen, dem Ziel, der im Halbschlaf vollzogenen Krönung. Dann

zogen wir weg von D., und D. zog weg von uns, weil sie für eine lange Weile Wichtigeres zu erleben hatte als Spiele, was uns ausgerechnet bei ihr sehr überrascht hat. »Racko« haben wir nie mehr gespielt. Lägen die Karten auf dem Tisch, säße auch D. dabei, weil sie aber nicht mehr dabeisitzt, können auch die Karten nicht auf dem Tisch liegen. So verbinden sich Spiele mit Menschen. So tief können sich Absacker eingraben.

Der Spieleabend ist mehr als eine Abfolge von Spielen, das Spielewochenende mehr als eine Summe von Tagen, an denen wir spielen. Arnsberg, zum Beispiel. Ich könnte nicht mit jedem ins Schloß ziehen, vermutlich sind es außer der Gefährtin nur zwei, die beiden, die es schon immer waren und Arnsberg zu Arnsberg machen, wie ich es meine, zu einem Ort, an dem sich's spielen, also aushalten läßt. Die alte Wirtin gehört dazu, diese gute Frau, die stets eine dienstliche, also ernsthafte Ursache hinter der Tatsache vermutet, daß wir nicht nur mit Koffern anreisen, sondern auch mit Spielekisten – Erwachsene, die eine Art mobiles Kinderzimmer mit sich führen, passen nur unter Mühen in ein normales Weltbild. Sogar ihre mürrische Tochter gehört dazu, die hörbar aufatmet, wenn sie uns spät in der Nacht allein lassen kann mit einem Vorrat an Getränken. Und der Kellner, der sich freut, wenn eine Schachtel für seine Kinder abfällt. Auch ohne das Spiel gibt es solche Plätze, an denen wir heimisch sind kraft Wiederholung und Gewohnheit; langweilig oder einsam kann es dort trotzdem werden. Das Spielewochenende aber verbindet Orte, Menschen und die spezifische Beschäftigung zu

einem Ganzen, das mehr ist als die Summe seiner Teile. Nämlich was? Aber natürlich, Kollegen, es ist die Krabbelstube.

Der ganze Ärger lag noch vor mir damals, so weit, daß ich nicht einmal ahnen konnte, daß er kommen würde. Mit Vergnügen kehre ich zurück, von Freitag bis Sonntag oder wenigstens einen Abend lang.

Der schöne Schein

Okay, Schiller. Soviel Bildungsgut muß sein, und Schiller muß ohnehin sein. Wer übers Spielen spricht und dabei feinsinnig beweisen möchte, daß er kindisch auf keinen Fall ist, vergißt selten diesen eindrucksvollen Satz: »Der Mensch ist nur da ganz Mensch, wo er spielt.« Wenn das keine Begründung ist! Notfalls sogar für einen beinharten Pokerspieler.

Leider ist der Satz in dieser süffigen Form aber nur die halbe Wahrheit, und die ganze ist wie üblich um einiges komplizierter. »Denn, um es endlich auf einmal herauszusagen«, sagte Schiller in seinen Briefen ›Über die ästhetische Erziehung des Menschen‹ endlich auf einmal heraus, »der Mensch spielt nur, wo er in voller Bedeutung des Worts Mensch ist, und er ist nur da ganz Mensch, wo er spielt.« Es geht also um Erziehung, um Ästhetik und um etwas recht Wolkiges wie den Menschen in der vollen Bedeutung des Worts. Man könnte deshalb durchaus den Verdacht haben, daß sich Schiller nicht so sehr über »Mensch ärgere Dich nicht« auslassen wollte, sondern weit ab von allen konkreten Spielen über einen »ästhetischen Zustand«, der idealerweise irgendwo zwischen gedankenlosem Fühlen und gefühllosem Denken liegt, demzufolge alle menschlichen Fähigkeiten wunderbar in einer paradiesischen Mitte vereint. Für eine solche Deutung spricht auch dieser Satz: »Durch jenes unwiderstehlich ergriffen und angezogen, durch dieses in der Ferne gehalten, befinden

wir uns zugleich in dem Zustand der höchsten Ruhe und der höchsten Bewegung, und es entsteht jene wunderbare Rührung, für welche der Verstand keinen Begriff und die Sprache keinen Namen hat.« Das lesen wir Spieler, sind heimlich entsetzt angesichts der Höhe der Abstraktion, und dann fällt uns eben doch etwas sehr Konkretes dazu ein – höchste Ruhe, höchste Bewegung, war es denn nicht genau so, als kürzlich bei »Kniffel« schon vier Fünfer auf dem Tisch lagen? Als wir, ruhig und bewegt zugleich, den Becher schüttelten, ihn bewegt auf den Bierfilz stülpten, ruhig anhoben, und siehe: ein Fünfer, der fünfte! Wunderbare Rührung, für die der Verstand durchaus einen Begriff, die Sprache einen Namen hat – fünfzig Punkte sind das, und das Wort heißt »Sieg«.

»Und was ist es für ein Phänomen, durch welches sich bei dem Wilden der Eintritt in die Menschheit verkündigt? So weit wir auch die Geschichte befragen, es ist dasselbe bei allen Völkerstämmen, welche der Sklaverei des tierischen Standes entsprungen sind: die Freude am Schein, die Neigung zum Putz und zum Spiele.« Genau, so war es bei den alten Römern, das Brot und die Spiele, so war es schon immer; wo das nackte Überleben gesichert ist, kann Kultur beginnen, und das Spiel ist ein Kulturgut. Es erzählt uns von der Geschichte, von gewesenen Lebensumständen, die Bilder auf alten Karten berichten, welche gesellschaftliche Stellung die Frau hatte, was oben war und unten und »in« und »out«. Im Ägyptischen Museum in Kairo hat mich wenig so beeindruckt wie das uralte Brettspiel in einer Vitrine: Die Vorstellung, daß es vor

110

Tausenden von Jahren Gegenstand der Freude und des Ärgers, von Gezänk und Triumph war, machte all die runzligen Mumien bei weitem lebendiger als der Anblick gewaltiger Pyramiden, in denen sie einst lagerten.

Vielleicht stehen ja im Jahre soundsoviel nach dem finalen Festplattencrash einäugige Roboter vor einem Glaskasten, in dem das letzte erhaltene Exemplar der »Siedler« mit angesengten Weidefeldern ausgestellt ist, und sie fragen sich: Catan? Wo war Catan? Schiller hat schon 1795 nach Christus ähnlich gefragt, wenn auch in gewählteren Worten: »Existiert aber auch ein solcher Staat des schönen Scheins, und wo ist er zu finden?« Die Antwort lieferte er mit, doch sie kann uns heute nicht mehr ganz zufriedenstellen. »Dem Bedürfnis nach«, lautet sie, »existiert er in jeder feingestimmten Seele; der Tat nach möchte man ihn wohl nur, wie die reine Kirche und die reine Republik, in einigen wenigen auserlesenen Zirkeln finden.« Für diese auserlesenen Zirkel gibt es, zweihundert Jahre später, einen Namen in der Sprache und im Verstand einen Begriff: Spieleabend.

Hermann Hesses ›Glasperlenspiel‹, Dostojewskis ›Spieler‹, Stefan Zweigs ›Schachnovelle‹, und so weiter, und so fort – es gäbe jenseits von Schiller noch viel zu deuten und Wichtiges zu zitieren, wollte man den Spuren des Spiels in Literatur und Philosophie nachgehen; sogar in der Wirtschaftswissenschaft soll es, mir ewig unverständlich, eine nobelpreisgekrönte Spieltheorie geben, mag sie auch mit »Halma« nur am Rande zu tun haben. Sten Nadolnys

›Ein Gott der Frechheit‹ wäre fast komplett abzuschreiben, denn dieser wunderbar freche, herzerfrischend unernste, in zahlreichen Verwandlungen auftretende Hermes ist ein Spieler, ohne daß es in diesem Roman ums Spielen jemals ausdrücklich ginge. Dieses kleine Kapitel aber war Schiller gewidmet und nur ihm, dem großen, von den Germanisten leider gnadenlos überinterpretierten Theoretiker des Würfels.

Ein junger Theologe, voller Verlangen, den hochverehrten Dichter des ›Don Carlos‹ kennenzulernen, begab sich 1792 in Jena zur Wohnung Schillers und erwartete, seinem Tagebuch zufolge, »hohe Würde in einer edelschönen Mannsgestalt« anzutreffen. Erwartungsvoll durchmaß er einen gemeinen Wirtschaftshof und stand vor einem Hinterhaus, dessen Anblick ihn verstimmte; er klopfte an jene Tür am Ende eines Korridors, die ihm die Haushälterin gewiesen hatte, gewiesen »mit größter Gleichgültigkeit, als wäre hier nur von den gemeinsten Alltagsdingen die Rede gewesen«. Es war aber von Schiller die Rede gewesen – und es sollte noch enttäuschender kommen. Nicht nur, daß das »Herein« von einer »unmännlichen, fast quäkenden« Stimme kam; nicht nur, daß diese Stimme Schillers Stimme war; nicht nur, daß sich Schiller selbst, »der Herr Hofrath«, als schlaffe Mannsgestalt erwies, mit gebogenen Knien, matten Augen in einem ausdruckslosen Gesicht und einem Schnupftuch zwischen den Fingern. Es war auch so, daß der Dichter, der Denker mit zwei Herren am Tisch gesessen

hatte, bis der klopfende Theologe sie störte. Gesessen warum, gesessen wie? Dichtend, denkend? Spielend, »die Hände voller Karten«.

Das Nilpferd in der Badewanne

Vor vielen Seiten mußte ich zugeben, mit einem achtlos aus Wut geworfenen Würfel N. getroffen zu haben, und ich deutete an, daß es sich dabei um eine tragische Angelegenheit handelte. Nun komme ich zum Ende, habe viele Geständnisse hinter mir gelassen und alle Scham abgelegt, nun fürchte ich nichts mehr, schon gar nicht Unverständnis. Wer mir bis hierhin gefolgt ist, hat sich ans Staunen gewöhnt. Ich kann aufs Ganze gehen, dorthin, wo das Reich der Spieleschachteln endet und ein anderes beginnt, bevölkert mit fremdartigen Gestalten und besucht nur noch von wenigen.

N. ist ein Nilpferd. Sehr klein, nicht mehr leuchtend lila, wie er einst war, sondern zu einer Farbe ausgebleicht und abgegriffen, die zwischen grau und grün liegt und mit dem Wort »Charakter« am treffendsten bezeichnet ist. Nur unter den Ärmchen und hinter den Ohren, wo Sonne, Hände und das Leben nicht hinkommen, sind noch Reste seiner Ursprungsfärbung zu sehen. N. ist aus Stoff mit einer mir unbekannten Füllung, ein Plüschtier, könnte man sehr verallgemeinernd sagen. Sind wir noch im Spielebuch? Oder bei der Inventarliste eines Kindergartens?

Ich sagte es bereits, wir sind jenseits des Normalen. N. spricht, ißt, aber er spielt auch, am liebsten und am besten »Mensch ärgere Dich nicht«, weil er dabei den Würfel zwischen die Arme klemmen und über den Bauch abrollen lassen kann. Versuche mit dem Buch-

stabenspiel »Wortwürfeln« haben keine zitierbaren Ergebnisse gezeitigt. N. ist das einzige mir bekannte Nilpferd, das schon auf Kreta war und in Schottland, in Norwegen, in Ägypten und eben in der Toskana, wo ihn der Würfel traf. Die Gefährtin und ich, wir verbergen ihn nach anfänglicher Zurückhaltung nun nicht mehr, weder auf Reisen noch im Restaurant, es wäre auch unmöglich, weil er stets Hunger hat und uns eine Vernachlässigung in dieser Hinsicht kaum verziehe. Bei seinen Ausflügen in den Alltag geschieht es aber zwangsläufig, daß Menschen ihn entdecken – manchmal tun sie dann so, als sähen sie ihn nicht, weil sie nicht zu deuten wissen, was sie sehen; manchmal streichelt ihm jemand über die Nase, lächelt und sagt: Süß, ein Maskottchen? Auch dies ist, wie »Plüschtier«, ein sehr allgemeiner und deshalb grob passender Begriff, doch kein angemessenes Wort für N. Er schimpft, wenn er es hört, und wenn er schimpft, läßt er ein kurzes Knurren hören, das wir seufzend zu deuten wissen.

Seit einiger Zeit hat N. einen Freund namens F., seinen ersten richtigen Freund; ansonsten pflegt er eher komplizierte und uneindeutige Beziehungen, möchte zwar allseits gemocht werden, ist aber nur selten bereit, sich dafür auch ein wenig anzustrengen oder gar Verzicht zu üben. N. ist ein winziger Egozentriker. Sein Freund F. ist ein kleiner brauner Hund in einer grau gemusterten Jacke, der normalerweise bei unseren Freunden lebt, nach einigen gemeinsamen, nicht durchweg ihrem Alter angemessenen, aber vielleicht gerade deshalb die Freundschaft gründenden und vertiefenden Abenteuern jedoch die Erlaubnis bekam, mit N. in

Urlaub zu fahren. Mit N. und uns natürlich, denn allein könnte man die beiden guten Gewissens nicht lassen. Sie haben längst den Wein entdeckt und die Wahrheit, die in ihm steckt, und es hat sich erwiesen, daß ihnen ein Übermaß an Wahrheit nicht gut tut. Außer Hund und Nilpferd sollte ich vielleicht auch die Schafe erwähnen: sechs Stück an der Zahl, vier größere und zwei kleine, vier weiße und zwei schwarze, je zur Hälfte in München und in Nürnberg wohnend, aber telefonisch und bei Besuchen in regem Kontakt stehend. Die Nürnberger tragen einen Fleck roten Nagellacks an ihren Füßen, sicherheitshalber, denn die Ähnlichkeit der Tiere ist doch recht verblüffend. Die Nürnberger verreisen gerne, die Münchner sitzen ganztägig auf dem besten Platz des Sofas und weigern sich, auch nur um wenige Zentimeter zur Seite zu rücken. Was wäre, wenn wir Gäste in größerer Zahl bekämen? Ich wage nicht, mir das auszumalen.

Das ist aber noch längst nicht alles: K. wäre zu würdigen, der bettlägrige Elefant, auch der vorlaute Elch L. und der schüchterne Elch S., der sich so sehr vor Tunneln fürchtet, daß wir ihn im Auto nicht mitnehmen können; und B. natürlich, jener große Bär, der zu unserem Bedauern ausgerechnet während der Weltmeisterschaft seine Liebe zum Fußball entdeckt hat und hingebungsvoll über die Ergebnisse Protokoll führte. Ich will es aber fürs erste dabei belassen, weil ich nun doch fürchte, einer Verwechslung des Themas beschuldigt zu werden. Weit gefehlt! Nie war ich so nahe beim Spiel, nur fehlt jetzt das Brett, die Figur, vor allem aber die Anleitung mit all ihren Regeln. Spielt denn das Kind

nicht, wenn es seine Puppe spazierenfährt und mit ihr spricht, als könnte sie antworten; und sie kann natürlich antworten, nur hört es halt ein Erwachsener nicht? Ich höre deutlich, was N. sagt. Das Kind hat eine Anleitung, mag schon sein, das Vorbild der Mutter, die gesellschaftliche Rolle der Mutter, die es unfreiwillig erlernt. Das gilt aber für uns nicht. Die Gesellschaft grinst ja nur und sagt »Maskottchen«. Und Elternrolle, bewahre, wie sollten wir, da es doch eine herzzerreißende Vorstellung ist, kleine Grapschhände könnten brutal nach N. greifen und ihm einen Tort antun. Eine psychologische Deutung der Tatsache, daß Menschen zwischen lebenden Teddybären leben, lautet »fehlgeleiteter Brutpflegetrieb«; ich halte das für sehr einleuchtend und ungefähr so nützlich wie die Feststellung, Thomas Mann habe in seinen Büchern die unausgelebte Homosexualität kompensiert. Die Bücher sind trotzdem ein Gewinn. Und N. spricht.

Wie kam es, daß N. und all die anderen zu uns kamen, nicht wie Gegenstände, nicht wie Bilder, die an der Wand hängen und einen guten Eindruck machen, sondern eher Haustieren ähnlich, freilich mit dem Unterschied, daß Stofftiere kommunikativ sehr begabt sind? Einige wenige wissen, daß die Bären und Hasen und Schafe und Elefanten und Elche schon im Regal des Ladens ein eigenes Leben führen, dort nicht willenlos auf Käufer warten wie Kaffeemaschinen, sondern sich ihre Käufer selbst auswählen und überraschend einfallsreich sind, wenn es gilt, ihre Wahl auch durchzusetzen. B. zum Beispiel, dem fußballbegeisterten Bären, ist es gelungen, innerhalb weniger Monate seinen

ursprünglich horrenden Preis nahezu zu halbieren – er hatte wohl eingesehen, daß allein das Wort (»Ich will mit!«) in seinem teuren Fall nicht mächtig genug war, und auf die Überzeugungskraft der Fakten gesetzt. Gerne hätte ich gehört, wie er mit den Verantwortlichen des Kaufhauses verhandelte, doch ich fürchte, sie haben es selbst nicht gehört, sondern ihr Nachgeben mühsam rational mit den Gesetzen des Marktes begründet. Wir aber kapitulierten vor den rührenden Bemühungen des eigensinnigen Bären und wissen deshalb nun auch, wer Fußballweltmeister geworden ist.

N. hingegen war spottbillig, ein Geschenk für Kleinkinder eigentlich, und er trug eine Schleife am Kopf, an der ich ihn im Büro aufhängen wollte. Einige wenige wissen, daß solche Vorhaben ohne Einverständnis des Betroffenen nicht durchzusetzen sind – N., was soll ich sagen, sitzt jetzt in einer eigens für ihn angeschafften Badewanne im Wohnzimmer und hat keine Schleife mehr, sondern an ihrer Stelle eine winzige Narbe, bleibendes Zeichen seines leicht errungenen Sieges. Wie es kam, daß er kam, spielt inzwischen längst keine Rolle mehr: Er ist da und nicht mehr wegzudenken, worin allerdings eine große Gefahr liegt, für uns. Als er vor Jahren in Paphos auf Zypern am Rande einer vielbefahrenen Kreuzung lag, aus dem Auto gefallen bei einem kurzen Halt, was wir aber erst Kilometer später bemerkten – nein, ich erzähle nicht, wie es uns in diesem Moment ergangen ist. Soviel Scham ist mir doch geblieben.

N. und die anderen sind Spielzeug, jedoch in einem ganz anderen Sinne, als sie für Kinder Spielzeug wären.

Kinder spielen und wissen es nicht wirklich, weil sie die Gegenwelt noch nicht kennen, den Ernst; wenn Erwachsene spielen, sind sie sich dessen bewußt und genießen diesen kleinen Triumph übers Rationale. Jedes Wort, das N. spricht, ist eine Niederlage für die Wirklichkeit, ist ein wohltuender Schlag ins Gesicht derer, die ihn übersehen oder überlegen lächelnd »Maskottchen« nennen und anschließend zur Sache kommen, indem sie die Rechnung ausstellen. N. ist ein subversives Element, ein Bote, fast hätte ich geschrieben: Hermes – ich weiß aber, daß N. angesichts solcher Deutungen nur knurrte und auf seinen Hunger verwiese, daß er F. ansähe und sich mit seinen Ärmchen an die Stirn tippte, reichten sie denn hin. N. und die anderen sind Prüfungen, die manch einer überraschenderweise mit Bravour besteht: der Schaffner im Zug von Nürnberg nach München, der F., ohne im geringsten zu zögern, eine Kinderfahrkarte ausstellt; der schottenrocktragende alte Verkäufer in Inverness, der sich, ohne ein Zeichen von Verwunderung, auf die Suche nach einem Stück Stoff macht, aus dem ein Kilt für F. werden kann; unsere alte Freundin D., die kein Telefongespräch beendete, ohne Grüße an N. ausrichten zu lassen; meine ehemalige Kollegin E., die uns immer mal wieder ein Päckchen schickt, gefüllt mit Jacken, die sie kunstvoll geschneidert hat für N. und die anderen. Es scheint, mitten unter uns, eine Art zweite Wirklichkeit zu geben, eine wundersame Welt, in der Bären leben und Nilpferde und Schafe und Hasen und mit ihnen all jene, die dieses Leben sehen und hören können. Eine Spiel-Welt, ein Raum für Phantasie. Der offensichtlichste

Schnittpunkt sind die Spielwarenläden und Kaufhäuser: Wer dort den Stoff prüft und die Füllung und bestenfalls eine Gesichtsform recht süß findet, ist ein Erwachsener. Wer Stimmen hört, ist ein Kindskopf. Einer von uns.

Ein Kindskopf ist, wer nicht zur Sache kommt, sondern schon hinreichend erfüllt ist von Tätigkeiten, die jedes höheren oder tieferen Sinns entbehren. Ein Kindskopf ist, meiner Theorie nach, zumindest potentiell ein Spieler, eben weil er Freude hat an zweckfreien Beschäftigungen, an der eigenen Phantasie, die sich ziellos selbst genügt. Wortspiele, Sprachspiele, Gedankenspiele, und niemals geht es darum, etwas zu beweisen, zu widerlegen, zu erreichen; es geht bloß ums Vergnügen am Spiel. Was haben wir davon, wenn wir leere Schnapsfläschchen über eine ungewöhnlich glatte Tischplatte schlittern lassen wie Curlingstöcke übers Eis, hin und her, erst mit dem Ziel, eine bestimmte Flasche zu treffen, dann mit der Aufgabe, ihr möglichst nahezukommen, ohne sie zu berühren? Natürlich nichts. Nicht einmal Sieger und Verlierer gibt es, auch kein Geld zu gewinnen wie damals bei den Versuchen, ein Zehn-Pfennig-Stück nahe an die Wand zu werfen. Nur Gelächter gibt's und große Freude, wenn die Flaschen scheppernd auf den Boden fallen. Das ist kindisch, so kindisch wie die Unterhaltungen dreier Schafe auf einem Tisch in Nürnberg, zweier großer und eines kleinen, das noch neu ist auf der Welt und eingeführt werden will in die Sitten und Gebräuche eines Schafslebens in Nürnberg. Wir hören dem zu und lachen, als säßen wir im Theater, dabei haben wir doch das Stück selbst geschrieben und führen es auch auf, Hauptdarsteller

und Zuschauer in einem. Das ist kreativ, ohne daß etwas dabei herauskommen müßte, es ist kindisch und ein großes Vergnügen, zumindest in gewissen verspielten Stimmungen, die sich steigern können zum leider niemals anhaltenden Eindruck, eigentlich sei das Leben ja insgesamt ein Spiel und nur von vernachlässigbarem Ernst. Irgendwann kommt aber immer irgendwer, der sich nach dem Ergebnis erkundigt.

Umgekehrt ist kein Spieler, wer nicht Kindskopf sein kann und solche Beschäftigungen mißmutig betrachtet, bestenfalls mit Nachsicht, schlimmstenfalls mit der Aufforderung, nun doch endlich zur Sache zu kommen. Ich behaupte nicht, derart zielgerichtet handelnde Menschen zu bewundern, aber ich weiß, daß sie sich in jener Welt flüssig bewegen können, in der sich der Wert eines Schafs nach dem Renommee seines Herstellers bemißt. Ebenfalls weiß ich, daß ich als Hersteller kein Schaf verkaufen könnte, ginge ich je ins Lager und hörte in den Regalen diesen Chor: Wir wollen aber nicht! Wir wollen hierbleiben, verdammt noch mal! Was tun? Niemals Hersteller werden. Statt dessen zu Hause einen Zoo einrichten und geflissentlich überhören, daß der eine oder andere Besucher den Mangel an Sitzplätzen beklagt. Und natürlich den Umgang mit Kindern meiden, weil sie den Ernst des Spielzeugs nicht begreifen können. Statt dessen selbst Kind bleiben und Freunde suchen, die sich in Krabbelstuben fühlen wie daheim.

Noch eine Geschichte von N. Seine letzte Partie »Mensch ärgere Dich nicht« hat er gewonnen, meint er, aber er hat sie bestenfalls fast gewonnen, weil die Fähre

gerade in Hamburg anlegte und die Bedienung uns aus dem Schiffscasino vertrieb, als N. gerade mit seiner vierten Figur in Richtung Ziel unterwegs war, gefolgt von F. Zwischen diesen beiden hätte sich das Spiel zweifellos entschieden, was zwar im nachhinein für einigen Streit gesorgt hat wegen des Abbruchs zur Unzeit, uns aber eine Idee bescherte: Sie brauchen uns ja überhaupt nicht. Sie könnten alleine spielen, genauso, wie sie alleine einen heben können, vielleicht zusammen mit dem Bären B. und dem Schaf P. Wir könnten fernsehen oder kochen, und dabei hörten wir aus dem Spielzimmer, wie sie sich gegenseitig hinauswürfen, beschimpften, bejubelten, wie sie würfelten und setzten und ihr wüstes Treiben lautstark kommentierten. Manchmal öffneten wir leise die Tür und spähten vorsichtig ins Zimmer, und gewiß sähen wir N. großschnäuzig in seiner Wanne thronen, sähen, wie er den Würfel über den Bauch abrollen läßt, und es käme eine Sechs zum Vorschein, worauf F. vielleicht zu weinen anfinge und B. sagte, er hätte doch lieber Fußball gucken sollen. Wir schlössen die Tür ebenso leise wieder und wüßten: Das ist nun der Wahnsinn. Dann machten wir den Fernseher aus, ich zöge eine beliebige Schachtel aus dem Regal, läse schnell noch einmal die Regeln, und wir begännen eine Partie. Bald käme N. und fragte: Darf ich auch mitmachen? Nein, antwortete ich, bedaure, das ist nichts für Nilpferde.

So wäre das. Wie gesagt: Wer spielt, ist verrückt und überwindet mühelos jene Grenzen, die dem Erwachsenen im Zuge seiner Erziehung zum Nutzmenschen gesetzt wurden. Allerdings kann die Krankheit an-

steckend sein und ist nach ihrem Ausbruch weitgehend unheilbar. Im Grunde glaube ich auch nicht wirklich, daß es vollständig resistente Nichtspieler gibt. Sie wissen nur nicht, was sie nicht tun.

Sei's drum. Wer ist dran?

Kleine Philosophie der Passionen

Burkhard Spinnen
Modelleisenbahn
dtv 20217

»Die Geschichte einer komplizierten Leidenschaft, die mit einem weihnachtlichen Desaster beginnt und Jahre später umso heftiger ausbricht. Ein kleines Buch über Besitz und Verzicht, Besessenheit und Einsamkeit.«
Tagesspiegel

»›Ich interessiere mich doch gar nicht für Modellbahnen. Ich bin hier, um zu recherchieren. Ich bin ein seriöser Autor, der die Welthaltigkeit seiner Literatur überprüft. Jedenfalls will ich einer sein. Und ansonsten brauche ich keine Modellbahn!‹

›So?‹ sagte der Dämon. ›Das glaubst du also?‹ Wie von ungefähr balancierte er plötzlich eine Schnellzug-Lokomotive vom Typ S 10 auf der Handkante. Und als er mit seinem kleinen Finger ihren Stromabnehmer berührte, da drehten sich die Räder, die filigranen Treib- und Kuppelstangen bewegten sich wie die Arme eines Marathonläufers, und aus dem Schornstein kam wunderbar weißer Rauch. ›Schön, nicht wahr?‹ sagte der Dämon. ›Das muß man doch zugeben.‹ ›Nein‹, antwortete ich heiser, ›das muß man keineswegs!‹ – und dabei wußte ich schon, daß ich log. Denn es hatte mich gepackt. Und zwar mit aller Macht.«

»Burkhard Spinnen bekennt sich in seinem selbstironischen Essay zu einer Obsession, die Sinnbild für die Sehnsucht nach heiler Welt ist.«
Schweizer Illustrierte

dtv

Kleine Philosophie der Passionen

Gabriele von Arnim
Essen
dtv 20215

»Gabriele von Arnim macht Lust aufs Essen, auf das Nachdenken über Essen, auf die Zeit vor und nach dem Essen – sie macht Lust auf Genuß.«
Geniessen & mehr

»Mit dem Frühstück beginnt man den Tag, und die Malaise beginnt schon mit dem Wort. Allein um es auszusprechen, muß man die Lippen so unsinnlich geschürzt und gespitzt verwölben und einen so unerquicklichen Zischlaut ausstoßen, dem unmittelbar ein hinten im Mund, aber noch nicht im Hals angesiedeltes Keckern zu folgen hat, daß einem der Appetit glatt vergehen könnte. Es ist ein häßliches Wort, das einen häßlichen Mund macht, wenn man es sagt. Ein Wort so ganz ohne Fülle und Laszivität, bei dem man nicht vor-, nicht hin- und schon gar nicht nachschmeckt. Früh-Stück, wer will schon in der Frühe ein Stück zu sich nehmen. Das klingt doch ganz nach harter Kante, nach müdem Draufherumgekaue, nach perfekter Lustlosigkeit.

Ich brauche ein Frühstück. Nicht irgendeins, sondern das richtige. Und genau da beginnt mein Problem. Denn ich weiß nie, wann welcher Geschmack der richtige ist. Und wenn ich falsch schmecke am frühen Morgen, dann ist der Tag gelaufen für mich. Ich spüre es sofort auf der Zunge, im Hals, in der Seele, wenn der erste Biß am Morgen nicht stimmt. Panik zieht ein. Denn ich weiß: Es gibt keine zweite Chance für den ersten Biß.«

dtv

Kleine Philosophie der Passionen

Zum Selberlesen und Verschenken – für alle,
die bereits einer Leidenschaft erlegen sind oder ihre
wahre Passion noch suchen